小学教材中的人物故事

主编·李生滨

大连理工大学出版社
DALIAN UNIVERSITY OF TECHNOLOGY PRESS

图书在版编目 (CIP) 数据

小学教材中的人物故事 / 李生滨主编 . —大连：
大连理工大学出版社，2013.3
ISBN 978-7-5611-7688-7

Ⅰ.①小… Ⅱ.①李… Ⅲ.①人物－生平事迹－世界
－少儿读物 Ⅳ.① K811-49

中国版本图书馆 CIP 数据核字 (2013) 第 042547 号

大连理工大学出版社出版

地址：大连市软件园路 80 号　邮政编码：116023
发行：0411-84708842　邮购：0411-84703636　传真：0411-84701466
E-mail:dutp@dutp.cn　URL:http://www.dutp.cn
大连金华光彩色印刷有限公司印刷　　大连理工大学出版社发行

幅面尺寸:160mm×235mm　　印张：16.25　　字数：234 千字
2013 年 3 月第 1 版　　　　2013 年 3 月第 1 次印刷

责任编辑：刘晓妍　　　　　　　　　　责任校对：志欣
封面设计：于丽娜

ISBN 978-7-5611-7688-7　　　　　　定　价：26.00 元

序

　　人物是小学生理解、掌握教材知识的一条重要线索。这是因为我们所学习的知识本身是具有传承性的，是前人通过继承、集成、创新、发现而得来的，与知识的发现者或发明者个人的特点及他们所处时代的特点有着千丝万缕的联系。了解教材中涉及的人物的生平事迹、重要经历、性格特点以及他们所处的时代背景，对于同学们更加深入、更加全面、更加形象地理解教材的知识和重点、把握知识的体系和结构、拓展知识的深度和广度，有着事半功倍、画龙点睛的作用。当同学们比较全面地了解了一个人物之后，是不是感觉阅读语文教材中关于他的故事时，就像这些故事就发生在自己的身边一样？学习数学教材、科学教材中他提出的定理和规律时，就像当面聆听他给我们讲解这些知识的来龙去脉一样？欣赏音乐教材中他创作的作品时，就像面对面地跟他的心灵在对话？……

　　同学们在阅读这些人物的生平事迹时，有没有注意到这样一个问题：在每个人物所处的时代有着千千万万的人，为什么最终发现知识、取得成功、名垂史册的人物会是他？找到这个问题的答案实际上比我们在教材上所要学习掌握的具体知识更加具有价值。这就要求我们走入教材中的人物的精神世界，探寻他们成功背后的秘密，并把他们的秘密进行比较和分析，找到对我们自己最有价值和借鉴意义的启示。顺着这样的思路探索下去，你会发现：这些人物的成功固然有着他们所处时代背景等外在的、偶然性的因素，但更重要的是他们有着强烈的进取精神，有着对所研究的对象的浓厚兴趣，有着百折不挠的惊人勇气，有着几年、十几年甚至几十年如一日的不懈努力……真正找到了这些成功的秘密，同学们就会找到让自己成为一个真正有益于社会、有益于人民的人所必需的精神支撑。从这个意义上讲，了解教材中的人物、探寻其成功背后的精神力量、促进自身思想的成熟和完善，本身就是对小学生进行生动、鲜活的德育教育的一个重要途径。

正是基于以上两个方面的考虑，我们组织研训教师、骨干教师，搜集了目前小学各学科教材中涉及的中外学者、名人生平事迹和故事，集结成《小学教材中的人物故事》一书。希望它能够成为老师们开展课堂教学和德育教育的得力助手，更能够成为同学们拓展课堂学习、延伸阅读领域、加深知识理解、启迪自己心灵的重要平台。

祝同学们在《小学教材中的人物故事》的陪伴下，健康快乐地成长！

李生滨

2012 年 5 月

CONTENTS
目 录

Part 1

语文

01 《资治通鉴》的编纂者——司马光

整理：王晓彬 慕俊 姚琳

司马光出生于宋真宗天禧三年，世代为官，其父司马池官至兵部郎中，一直以清廉仁厚享有盛誉。

司马光深受父亲的影响，自幼便聪敏好学。据史书记载，司马光非常喜欢读《左传》，常常"手不释书，至不知饥渴寒暑"。七岁时，他便能够熟练地背诵《左传》，并且能把二百多年的历史梗概讲述得清清楚楚，可见他自幼便对历史怀有十分浓厚的兴趣。

"司马光砸缸"的故事使小司马光出了名，有人还把这件事画成图画，广为流传。

步入仕途后的司马光仍然潜心学习，力求博古通今，他通晓音乐、律历、天文、数学，对经学和史学的研究尤其用心。当时北宋已出现种种危机，具有浓厚儒家思想的司马光，以积极的态度参与政事，力图拯救国家。司马光秉性刚直，在从政活动中亦能坚持原则，积极贯彻执行有利于国家的决策方略。而在举荐贤人、斥责奸人的斗争中，

人物档案

姓　名：司马光
生卒年：1019~1086
籍　贯：山西运城
身　份：史学家、政治家
重大成就：主持编纂《资治通鉴》

他敢于触犯龙颜，宁死直谏，当廷与皇上争执，置个人安危于不顾。司马光经常上书陈述自己的治国主张，大致是以人才、礼治、仁政、信义作为安邦治国的根本措施。司马光治学勤苦，一生大部分精力都奉敕编撰《资治通鉴》（共费时十九年）。《资治通鉴》的编写，为我国提供了一部非常有价值的历史资料。

司马光一生忠孝节义、恭俭正直，他安居有法、行事有礼。在洛阳时，司马光每年回夏县老家扫墓，都要去看他的哥哥司马旦。司马旦年近八十，司马光不仅像尊敬父亲一样尊敬他，还像照顾婴孩一样照顾他。司马光一生从不说谎话，他评价自己时说："我没有什么过人之处，只是平生的所作所为，皆问心无愧。"百姓都很敬仰、信服他。史书上记载着他许多小故事，皆传为美谈。就连他的政敌王安石也很钦佩他的品德。

司马光的品格德行、修学治史的态度，一直得到人们的高度评价。

直击成功　司马光聪敏好学、博古通今，一生忠孝节义、恭俭正直。潜心致力于历史研究与编纂，为后人留下了宝贵的财富。他位列孔子、孟子之下，同样配享孔庙。

《资治通鉴》的编纂者——司马光

02 少年抗日英雄——王二小

整理：王晓彬　慕俊

王二小又名王朴，是广为人知的少年抗日英雄。抗日战争时期，王二小的家乡是八路军抗日根据地，经常受到日本鬼子的"扫荡"，王二小是村里的儿童团团员，他常常一边在山坡上放牛，一边给八路军放哨。

1942年10月25日那一天，日本鬼子又来扫荡，走到山口时迷了路。他们看见王二小在山坡上放牛，就叫他带路。王二小装着听话的样子走在前面，为了保护转移的乡亲们，把敌人带进了八路军的埋伏圈，突然，四面八方响起了枪声……鬼子发现上当后，非常生气，看见王二小正准备逃走，就开枪打中了他，又用刺刀刺向王二小的胸膛，把他弱小的身躯摔在一块大石头上！

八路军一举全歼此股日寇。战斗结束后，几个战士扑向流着鲜血的王二小，当时他还活着，大家把他和另外两名受伤的八路军战士一起送到刘家庄。但王二小最终因伤重不治，为国牺牲。

王二小牺牲后，当地军民把他葬在刘家庄的山坡上。当时任涞源县青救会干

人物档案

姓　　名：王二小
生卒日：1929.1.22~1942.10.25
籍　　贯：河北省涞源县
身　　份：儿童团员，抗日英雄
重大成就：牺牲自己把敌人带进了八路军的埋伏圈

部的张士奎知道这个消息后，马上将王二小的事迹报道给了边区青救会，《晋察冀日报》在第一版发表了这篇报道。词作家方冰、曲作家李劫夫根据这篇报道，立即创作了歌曲《歌唱二小放牛郎》，这首歌曲一直传唱至今，鼓舞了无数青少年。现在，王二小的墓上长满了青草，他的鲜血染红的那块大石头，还静静地卧在山沟里，人们把它叫做"血色石"。

为了纪念小英雄王二小，中国青少年基金会在王二小的家乡涞源县上庄村建起了"王二小希望小学"，延安时期参加革命的老作家陈模创作了革命传统纪实小说《少年英雄王二小》。

直击
成功

王二小，一个年仅13岁的普通少年，机智勇敢地为八路军放哨，为了战斗的胜利献出了宝贵的生命，用鲜血捍卫了祖国的尊严，用自己的行动诠释了英雄的含义。

03 全世界无产阶级的革命导师——列宁

整理：王晓彬 赵敬党

列宁是全世界无产阶级的革命导师和领袖，马克思主义理论家，俄国共产党和苏维埃社会主义共和国联盟的主要创建人。列宁是他后来用得最多的笔名。

他出生在伏尔加河边的辛比尔斯克。中学毕业后，进喀山大学法律系学习。在喀山大学，列宁结识了一批有革命思想的学生。不久，他因参加学生运动而被捕、流放。押送他的警察对他说："小伙子，造反有什么好处？还不是向一堵石墙上撞吗？"列宁回答说："是的，但这是一堵朽墙，一撞就倒。"

18岁时列宁从流放地回到喀山，当局不准他回大学继续学习。他就认真自修、研究马克思主义，认真研读了《资本论》等著作，并加入了马克思主义小组。1889年，列宁移居萨马拉，组织了当地第一个马克思主义小组。列宁把彼得堡的20个马克思主义小组联合成工人阶级解放斗争协会，在俄国

人物档案

姓　名：弗拉基米尔·伊里奇·乌里扬诺夫
生卒日：1870.4.22~1924.1.21
国　籍：苏联
身　份：无产阶级革命家、政治家、理论家
重大成就：建立布尔什维克党，成立了世界上第一个社会主义国家

第一次实现了社会主义和工人运动的结合。在工人阶级解放斗争协会的领导下，彼得堡工人掀起罢工高潮。列宁被捕，流放西伯利亚期间，他写了《俄国资本主义的发展》等著作。

俄国 1905 年革命爆发后，列宁领导布尔什维克党制定了马克思主义的路线，写了《社会民主党在民主革命中的两种策略》。列宁回到国内，直接领导斗争。革命失败后，列宁再次被迫出国。1912 年，俄国社会民主工党在布拉格召开第六次代表会议。在列宁的领导下，大会把孟什维克清除出党，使布尔什维克正式成为一个独立的政党。

1917 年，俄国二月革命推翻了沙皇政权。列宁从瑞士回到彼得格勒。列宁在著名的《四月提纲》中，指出，推翻沙皇专制制度，标志着资产阶级民主革命的完成。现在进入革命的第二阶段，即社会主义革命阶段。它的任务是推翻资产阶级临时政府，建立苏维埃共和国。

十月革命后，面对国内外险恶的环境，列宁以惊人的智慧、胆识和勇气，领导俄国人民战胜了一个又一个困难。正当列宁领导俄国人民开始进行社会主义革命和社会主义建设之际，列宁的健康状况日益恶化，但他仍在顽强地工作。1924 年 1 月 21 日，列宁因病去世。

列宁是著名的马克思主义者，无产阶级革命家、政治家、理论家，布尔什维克党的创立者、苏联建立者和第一位领导人。他发展了马克思主义，形成了列宁主义理论。马克思列宁主义者称他为"全世界无产阶级和劳动人民的伟大导师和领袖"。

直击
成功
　　列宁具有坚定的马克思主义信念和顽强的革命斗争精神，一次一次的被捕、流放丝毫没有削弱他革命的斗志。他在艰苦的环境中坚持刻苦学习，不断发展马克思主义，终于领导俄国人民取得了十月革命的胜利，成为"全世界无产阶级和劳动人民的伟大导师和领袖"。

全世界无产阶级的革命导师——列宁

04 传说中的伟大母亲——女娲

整理：王晓彬 赵敬党

女娲是中国历史神话传说中的一位女神，是伏羲的妹妹，人首蛇身。传说盘古开辟了天地以后，女娲用泥捏了人类。后来女娲继承了皇位，镇守冀方的水神共工十分不满，就兴风作浪，女娲即令火神祝融迎战。经过殊死搏斗，共工大败，恼羞成怒，一头撞向擎天柱不周山，不周山乃撑天之柱，被共工一撞，发出了惊天动地的声响，山体崩塌，天柱折断，大地向东南倾斜，海水向陆地上倒灌。人们多数都被淹死了，有的被崩塌的山石砸死，幸存者只好逃往山上。但是，山林是兽类的领地，它们受到侵扰后十分愤怒，向人类发起疯狂的攻击。又有许多人被凶猛的野兽或猛禽咬死、吃掉。人类遭遇到空前的灾难。

女娲见她的儿女们即将失去生存条件，着急万分，就决心炼石补天。可是去哪里炼石呢？女娲遍涉群山，选择了天台山。这里山高顶阔，水足石多，是炼石的理想地方。

女娲在天台山上炼了九九八十一天，炼了一块厚12丈、宽24丈的五色巨石，

人物
档案

姓　名：女娲
时　间：远古神话
人物简介：传说是伏羲的妹妹，人首蛇身，她用黄土做人，创造了人类

众神称好。依照此法，女娲又用整整 4 年的时间，炼了 36500 块五色石，连同前面的那块共 36501 块。众神仙和众将官帮女娲补天，用了 36500 块。因石是五色的，形成了天上的彩虹、彩霞。

传说天补好后，女娲担心天塌下来。这时有一只大龟游来，献出了自己的腿。女娲过意不去，将自己的衣服扯下来送给它，从此龟游水不用腿而用鳍了。女娲用龟的四腿做擎天柱。因西、北两面的短些，故有"天倾西北"的说法。

女娲补天后，洪水归道，烈火熄灭，天地定位，普天同庆，人们在天台山迎女娲归朝。

女娲是中华民族伟大的母亲，她创造了我们，又勇敢地保护我们免受天灾，是被民间广泛而又长久崇拜的创世神和始祖神。

传说中的伟大母亲——女娲

直击成功　为使人类免遭灭亡的灾难，女娲机智勇敢地用五色石补天，她创造了人类，还保护了人类，她慈祥的母爱情怀至今仍为世人所称颂。女娲造人的神话，反映出早期人类社会的生活状况。人类历史上存在过母系氏族社会，当时妇女在生产和生活中居重要地位。女娲造人的神话就反映出女子在社会中的地位。

05 力大无比的箭神——后羿

整理：王晓彬 赵敬党

后羿相传是夏王朝东夷族有穷氏的首领，善于射箭。

传说远古时期，天空中有十个太阳，他们的母亲是东方天帝的妻子。九个太阳栖息在长得较矮的树枝上，另一个太阳则栖息在树梢上，每夜一换。

每当黎明来临时，栖息在树梢上的太阳便坐着两轮车穿越天空。十个太阳每天一换，轮流穿越天空，给大地万物带去光明和热量。

可是，有一天，这十个太阳想想要是他们一起穿越天空，肯定很有趣。于是，当黎明来临时，十个太阳一起爬上车，踏上了穿越天空的征程。这一下，大地上的万物就遭殃了。十个太阳像十个火团，他们一起放出的热量烤焦了大地。

森林着火，烧成了灰烬，烧死了许多动物，河流、大海也干涸了，许多人和动物渴死了，农作物和果树枯萎了，供给人和家畜的食物也断绝了。一些人出门找食物，结果被太阳的高温活活烤

人物档案

姓　　名：后羿
时　　间：远古神话
传说故事：后羿在的时候，天上有十个太阳，烧得草木、庄稼枯焦。后羿为了救百姓，一连射下九个太阳。从此地上气候适宜，万物得以生长。他又射杀猛兽毒蛇，为民除害。民间因而奉他为"箭神"

死，另外一些人成了野兽的食物，人们在火海里挣扎着。

这时，有个年轻英俊的英雄叫做后羿，他的箭法超群，百发百中。后羿看到人们生活在苦难中，便决心帮助人们脱离苦海，射掉那多余的九个太阳。

于是，后羿爬过了九十九座高山，趟过了九十九条大河，穿过了九十九个峡谷，来到了东海边。他登上了一座大山，山脚下就是茫茫的大海。后羿拉开了万斤弓，搭上千斤重的利箭，瞄准天上火辣辣的太阳，嗖的一声射去，第一个太阳被射落了。后羿又拉开弓，搭上利箭，嗖的一声射去，同时射落了两个太阳。这下，天上还有七个太阳瞪着红彤彤的眼睛。后羿感到这些太阳仍很焦热，又狠狠地射出了第三支箭。这一箭射得很有力，一箭射落了四个太阳。其他的太阳吓得全身打战。就这样，后羿一支接一支地把箭射向太阳，无一虚发，一共射掉了九个太阳。

剩下的那个太阳害怕极了，在天上摇摇晃晃，慌慌张张，很快就躲进大海里去了。人们便请求天帝，唤第十个太阳出来，让人类万物繁衍下去。

从此，这个太阳每天从东方升起，从西方落下，温暖着人间，使禾苗得以生长，万物得以生存。

后羿出生入死，为民除害，其英雄壮举可以和希腊神话中的英雄赫拉克勒斯媲美。箭法超群的后羿不畏艰险，挺身而出，射杀太阳，使万物得以生存，百姓得以乐业。

力大无比的箭神——后羿

Part 1 语文

直击成功

06 用真情创作的童话大师——安徒生

整理：王晓彬 李霜

安徒生是丹麦童话作家，由于家庭生活贫苦，他无法上学，很小就在一家呢绒铺当学徒。1819 年，14 岁的安徒生只身来到哥本哈根，在皇家剧院做杂役。后来，在一些热心的艺术家的帮助下，他才圆了上学梦。

在学习期间，他就开始了文学创作，写了大量的诗歌、戏剧、小说和游记，但是他真正的才华却显露在童话创作上，最终成为世界上最著名的童话家之一。

1829 年，安徒生的喜剧《在尼古拉耶夫塔上的爱情》公演，观众的喝彩使年轻的剧作家滚滚泪下——十几年前，正是在同一家戏院，他曾受到鄙薄和否定，而今天，他终于成功了，得到了公众的承认和欢呼。

1835 年，安徒生的第一本童话集问世，其中收入《打火匣》、《小克劳斯和大克劳斯》、《豌豆上的公主》、《小意达的花儿》四篇童话。这些童话来自安徒生自己的人生经历，"它们像种子一样藏在我的思想中，一股涓

姓　名：安徒生
生卒日：1805.4.2~1875.8.4
国　籍：丹麦
身　份：诗人、作家、著名童话家
重大成就：创作了大量童话故事

涓细流，一束阳光，或一滴苦酒，就能使它们破土而出。"

　　从这一年起，每一个圣诞节都有一本新安徒生童话集来到孩子们身边。他整整写了43年，直到生命结束时共创作了168篇作品，那诗一般的语言、宛转曲折的情节，使他的童话在他在世时就已成为世界上拥有读者最多的读物。"丑小鸭"、"坚定的锡兵"、"野天鹅"、"夜莺"……他赋予一切事物鲜活的灵魂，让它们歌唱。他把它们献给一切人——孩子们为那奇异动人的故事而神迷；成年人则徘徊在他深深的人生哲思之中，流连不去。

　　安徒生的童话故事到今天还为世界上众多的成年人和儿童所传诵。有些童话如《卖火柴的小女孩》、《丑小鸭》、《皇帝的新装》等，既真实地描绘了穷苦人的悲惨生活，又渗透着浪漫主义的情调和幻想。由于作者出身贫寒，对于社会上贫富不均、弱肉强食的现象感受极深，因此他一方面以真挚的笔触歌颂劳动人民，同情不幸的穷人，赞美他们的善良、纯洁等高尚品质；另一方面又愤怒地鞭挞了残暴、贪婪、虚弱、愚蠢的反动统治阶级和剥削者，揭露了教会僧侣的丑行和人们的种种陋习，不遗余力地批判了社会罪恶。

用真情创作的童话大师——安徒生

直击成功　　这位童话大师一生坚持不懈地进行创作，把他的天才和生命献给"未来的一代"。安徒生创作的童话所取得的巨大艺术成就和思想成就，至今仍无人能及。安徒生用一生完成了艺术上的追求——永恒的、真挚的人的灵魂。

07 古代天文学家——张衡

整理：王晓彬 李霜

张衡诞生于南阳郡西鄂县一个破落的官僚家庭。张衡幼年时，有时要靠亲友的接济才能维持生活。正是这种贫困的生活使他能够接触到社会下层的劳动群众和一些生产、生活实际，从而给他后来的科学创造带来积极的影响。在数学、地理、绘画和文学等方面，张衡表现出了非凡的才能和广博的学识。

张衡是东汉中期浑天说的代表人物之一：他指出月球本身并不发光，月光其实是日光的反射；他还正确地解释了月食的成因，并且认识到宇宙的无限性和行星运动的快慢与距离地球远近的关系。

张衡观测记录了两千五百颗恒星，创制了世界上第一架能比较准确地表演天象的漏水转浑天仪、第一架测试地震的仪器——候风地动仪，还制造出了指南车、自动记里鼓车、飞行数里的木鸟等。

张衡共著有科学、哲学和文学作品三十二篇，其中天文著作有《灵宪》和《灵宪图》等。

为了纪念张衡的功绩，人们将月球背面的一个环形山命

人物档案

姓　　名：张衡
生卒年：78~139
籍　　贯：南阳西鄂（今河南南阳市　　　石桥镇）
身　　份：天文学家
重大成就：在天文学、地震学、机械技术、数学乃至文学艺术等许多领域均有建树

名为"张衡环形山",将小行星 1802 命名为"张衡小行星"。

张衡对地震学也有杰出的贡献。他做了太史令以后,为了工作上的需要,制造了一个叫做"浑象"的仪器。浑象是一种天文仪器,用来观测星象、确定节气和了解其他天文现象,张衡的浑象是古代比较精确的天文仪器。接着,张衡又发明了观测地震用的地动仪。东汉时,我国经常发生地震。那时人们不懂科学知识,以为地震是鬼神发怒了在显灵。张衡是个科学家,不迷信鬼神,他认为地震是一种自然灾害,人们应当研究地震的规律,地动仪就是为了充分掌握地震的信息而发明的。

地动仪制造成功以后,放在京城洛阳一间观测地震的屋子里。有一天,西北方的龙头突然张嘴吐出铜球,掉到了蟾蜍嘴里,说明西北方向发生了地震。可是当时住在洛阳的人并没有感觉到发生地震。于是人们就怀疑起来,都说张衡的发明靠不住。过了几天,陇西地方(今甘肃)派人赶到京城洛阳来报告,说几天以前他们那里发生了地震。双方一查对日期,正好就是地动仪上龙头吐出铜球的那一天。人们这才相信张衡发明的地动仪是准确可靠的。

张衡发明的地动仪是世界上第一架记录地震的仪器,欧洲在公元 1880 年才制造出类似的仪器,比张衡晚了 1700 多年。

古代天文学家——张衡

直击成功 贫穷有时是一种财富,张衡年幼时的贫困生活使他能够接触到社会下层的劳动群众和一些生产、生活实际,从而给他后来的科学创造带来了积极的影响。张衡用他的才能为人类社会更好地了解自然、利用自然作出了重要贡献。

08 发明大王——爱迪生

整理：王晓彬 李霜

爱迪生，美国人，他家境贫寒，只读了三个月的小学就失学了，但他勤于自学，善于思考，对科学实验如痴如醉。他一生中取得了1093项发明专利权，其中著名的有留声机、电灯、电影摄影机、碱性蓄电池等。1879年10月21日，他用碳化的卷绕棉线作灯丝，成功制成世界上第一个电灯泡。他花了近3天时间把灯丝装进真空玻璃泡中，接通电源，发出相当于10盏煤气灯的光芒，延续了约40个小时。他试验过从世界各地找来的1600种耐热材料、6000种植物纤维，最终确定以碳化竹丝做灯丝。这种灯丝能连续照明1200小时。1908年，爱迪生电气公司职员威廉·克里奇又发明了钨丝灯丝，最终使灯丝经久耐用。

爱迪生除了在留声机、电灯、电话、电报、电影等方面的发明和贡献以外，在矿业、建筑业、化工等领域也有不少创造，成为著名的发明家，被誉为"发明大王"，为人类的文明和进步作出了巨大贡献。

爱迪生对自然科学的最

人物档案

姓　名：爱迪生
生卒日：1847.2.11~1931.10.18
国　籍：美国
身　份：发明家
重大成就：发明电灯、留声机，改良电话机、电报机等

早兴趣是在化学方面，10 岁时就酷爱化学。他收集了二百来个瓶子，并节省零花钱去购买化学药品装入瓶中。为了赚钱购买化学药品和设备，他开始工作。12 岁的时候，他获得列车上售报的工作，他一边卖报，一边兼做水果、蔬菜生意，只要有空，他就到图书馆看书。

1861 年美国爆发了南北战争，刚满 14 岁的爱迪生买了一台旧印刷机，利用火车的便利条件，办了一份小报，来传递战况和沿途消息。第一期周刊就是在列车上印刷的，他一人兼任记者、编辑、排版、校对、印刷、发行的工作。小报受到欢迎，他也在紧张的工作中增长了才干、知识和经验，还挣了不少钱，得以继续进行化学实验。他用挣得的钱在行李车上建立了一个化学实验室。不幸的是，一次他在火车上做实验时，列车突然颠簸，一块磷落在木板上，引起燃烧。列车员赶来扑灭了火焰，也狠狠地打了他一个耳光，打聋了他的一只耳朵，他被赶下了火车，那时爱迪生才 15 岁。

挫折并没有使爱迪生灰心，他又迷上了电报。经过反复钻研，1868 年他发明了一台自动电力记录器，这是他的第一项发明。后来他又发明了两种新型的电报机。1877 年他发明了碳精电话送话器，使原有的电话通话声音变得更清晰；此外他还发明了留声机。

发明大王——爱迪生

直击成功 爱迪生凭着他的勤奋好学、善于思考和对科学的极大兴趣，成为著名的发明家，被誉为"发明大王"。更由于他不畏挫折，具有克服困难的顽强毅力，使他为人类的文明和进步做出了巨大贡献。

09 社会主义现实主义文学的奠基人——高尔基

整理：王晓彬 范杰 张艳

高尔基（阿列克谢·马克西莫维奇·彼什科夫）出身贫苦，早年丧父，童年寄居在经营小染坊的外祖父家。11岁时开始独立谋生，当装卸工、面包房工人，贫民窟和码头成了他的"社会大学"的课堂。其童年和少年时代是在旧社会的底层度过的，他亲身经历了资本主义残酷的剥削与压迫，这对他的思想和创作产生了重要影响。

他刻苦自学文化知识，并积极投身到革命活动中，探求改造现实世界的途径。24岁发表处女作《马卡尔·楚德拉》。33岁创作了著名的散文诗《海燕之歌》，塑造了象征大智大勇的革命者勇敢地反抗社会压迫的海燕形象，预告革命风暴即将到来，鼓舞人们去迎接伟大的战斗。这是一篇无产阶级革命战斗的檄文与颂歌，受到列宁的热情称赞。

1905年革命前夕，高尔基的创作转向了戏剧，1901～1905年，他先后写出《小市民》、《底层》、《避暑客》、《太阳的孩子们》

人物档案

姓　名：阿列克谢·马克西莫维奇·彼什科夫
生卒日：1868.3.28~1936.6.18
国　籍：俄罗斯（前苏联）
身　份：无产阶级作家
重大成就：代表作《母亲》、自传体三部曲《童年》、《在人间》、《我的大学》

和《野蛮人》等剧本。特别是《小市民》、《底层》展现了现实生活中工人的新形象与新的精神面貌，表现了他们为争取自己的权利而斗争的决心与乐观情绪，引起了轰动。

1906 年高尔基写成长篇小说《母亲》和剧本《敌人》两部最重要的作品，标志着其创作达到了新的高峰。《母亲》塑造了世界文学史上第一批自觉为社会主义而斗争的无产阶级革命者的英雄形象，是社会主义现实主义文学的奠基作品，母亲这个人物成为经典的文学形象，列宁肯定了它的现实意义。

1906~1913 年，高尔基因沙皇政府的迫害，侨居意大利，成为一个政治流亡分子。1907 年春，他参加了在伦敦举行的俄国社会民主工党第五次代表大会，从此，和列宁建立了密切的联系和深厚的友谊。1911~1913 年间，高尔基写了故事集《意大利童话》。1913 年高尔基回到祖国，主持《真理报》文艺栏，从事文化组织工作和文学活动。同年他还创作了自传体三部曲的第一部《童年》。1916 年，发表自传体三部曲的第二部《在人间》；1922 年发表第三部《我的大学》。十月革命胜利后，高尔基于 1925 年发表长篇小说《阿尔达莫诺夫家的事业》。1925~1936 年写的长篇史诗《克里姆·萨姆金的一生》是高尔基的最后一部巨著，这部史诗是高尔基最杰出的艺术成就之一。

社会主义现实主义文学的奠基人——高尔基

直击成功 　　高尔基早年不平凡的经历在他著名的自传体三部曲中都有生动的记述。人生的苦难、生活的辛酸，磨炼了他的斗志；他在繁重的劳动之余，勤奋地自学。对社会底层人民痛苦生活的体验和深切了解，成为他创作中永不枯竭的源泉。

10 中国著名地质学家——李四光

整理：王晓彬 范杰

李四光自幼就读于其父执教的私塾，14岁那年告别父母，独自一人来到武昌报考高等小学堂。在填写报名单时，他误将姓名栏当成年龄栏，写下了"十四"两个字，随即灵机一动将"十"改成"李"，后面又加了个"光"字，从此便用"李四光"这个名字。

15岁时李四光因学习成绩优异被选派到日本留学。在日本受到反满革命思想的影响，成为孙中山领导的同盟会中年龄最小的会员，以"驱逐鞑虏、恢复中华"为己任。孙中山赞赏李四光的志向："你年纪这样小就要革命，很好，有志气。"还送给他八个字："努力向学，蔚为国用。"

26岁时，李四光到英国伯明翰大学学习。1918年，获得硕士学位的李四光决定回国效力。途中，为了了解十月革命后的俄国，还特地取道莫斯科。

从1920年起，李四光担任北京大学地质系教授、系主任，1928年又到南京担

人物档案

姓　名：李四光
生卒日：1889.10.26~1971.4.29
籍　贯：湖北黄冈县回龙山香炉湾
身　份：中央研究院院士、中国科
　　　　学院院士
重大成就：著名的科学家、地质学
家、教育家和社会活动家，是我国
现代地球科学和地质工作的奠基人
之一和主要领导人

任中央研究院地质研究所所长，后当选为中国地质学会会长。他带领学生和研究人员长年奔波野外，跋山涉水，足迹遍布祖国的山川。他先后数次赴欧美讲学、参加学术会议和考察地质构造。

1949年秋，新中国成立在即，正在国外的李四光回到祖国的怀抱，被委以重任，先后担任了地质部部长、中国科学院副院长、全国科联主席、全国政协副主席等职。他虽然年事已高，仍奋战在科学研究和国家建设的第一线，为我国的地质、石油勘探和建设事业做出了巨大贡献。

1958年，李四光经何长工、张劲夫介绍加入了中国共产党，由一个民族民主主义者成为共产主义战士。60年代以后，李四光因过度劳累身体越来越差，但他仍以巨大的热情和精力投入到地震预测、预报以及地热的利用等工作中去。1971年4月29日，李四光因病逝世，享年82岁。

李四光最大的贡献是创立了地质力学，毛泽东、周恩来在认真听取了汇报后，支持了他的观点，并根据他的建议，在松辽平原、华北平原开始了大规模的石油普查。1956年，他亲自主持石油普查勘探工作，在很短的时间里，先后发现了大庆、胜利、大港、华北、江汉等油田，为中国石油工业建立了不朽的功勋。在国家建设急需能源的时候，使滚滚石油冒了出来。不仅摘掉了"中国贫油"的帽子，也使李四光独创的地质力学理论得到了最有力的证明。

中国著名地质学家——李四光

直击成功 李四光的成功，一是少年有志，凭着对祖国的热爱，他从造船救国到科技救国，历经坎坷，却从不放弃。二是追求进步，崇尚科学，勇于创造。凭借埋头苦干、勤于实践的精神，首创了地质力学，打开了中国石油宝藏的大门，摘掉了"中国贫油"的帽子，使中国进入世界产油大国的行列。

11 当代中国最具创造精神的作家——贾平凹

整理：刘爽 范杰

贾平凹生于 1952 年 2 月 21 日，原名贾平娃，陕西省商洛市丹凤县人，从西北大学中文系毕业后任陕西人民出版社文艺编辑、《长安》文学月刊编辑。现为陕西省作家协会主席、西安市文联主席、西安建筑科技大学人文学院院长、《美文》杂志主编。

贾平凹是我国当代文坛屈指可数的文学大家和文学奇才，是一位当代中国最具叛逆性，也是一位不断探索、不断挑战自己的作家。

贾平凹的作品独具特点和个性，主要以独特的视角准确而深刻地表现 20 世纪末到 21 世纪初，中国在 30 年来的现代化进程中痛苦而悲壮的社会转型，不仅完整地复原和再现了现实生活中芸芸众生的生存本相，而且在一种原生态叙事中，深入当代中国人的心灵世界，以中国传统美的表现方式，真实地展现了现代中国人的生活与情绪，为中国文学的民族化和走向世界做出了突出贡献。

贾平凹的文学作品极富

人物档案

姓　名：贾平凹
生　日：1952.2.21
籍　贯：陕西省丹凤县
身　份：著名作家
重大成就：代表作有《秦腔》、《浮躁》，曾获多次文学大奖

想象力，通俗中有真情，平淡中见悲悯，寄托深远，笔力丰富，不仅在我国拥有广大的读者群，而且还超越了国界，得到不同民族文化背景的专家学者和广大读者的广泛认同。特别是在文学语言的民族化方面，他在继承传统的同时，开创了新的道路，在新汉语写作实践中取得了巨大成就。

贾平凹的作品被翻译成英语、法语、德语、俄语、越语、日语、韩语等多种语言，在世界二十多个国家传播。国际上获得的大奖主要有美国美孚飞马文学奖（《浮躁》1987）、法国费米娜文学奖（《废都》1997）、法兰西共和国文学艺术荣誉奖（2003）等；国内获得第一届全国优秀短篇小说奖（《满月儿》1978）、第三届全国优秀中篇小说奖（《腊月正月》1984）、第一届全国优秀散文（集）奖。

当代中国最具创造精神的作家——贾平凹

直击成功　　贾平凹为什么会成功？因为他在传统的写作中，取得了重大突破——凡对社会、人生的独特体察、个人内心情绪，或偶尔感悟到的某些哲理等，都呈现文中。那份坦诚、低调的性格，也是他赢得读者的方法之一。在他的文中，不难发现其赤子之心，而且，他对美感的追求，于字里行间清晰易见。他不只在乎自我领略，且愿把这审美路径向广大读者介绍。

12 "红色资本家"——哈默

整理：刘爽 张丽娜

亚蒙·哈默是美国西方石油公司的董事长，是一位颇具传奇色彩的人物。在西方，他是点石成金的万能富豪；而在前苏联和中国，他却是家喻户晓的"红色资本家"。因为他是第一个与十月革命后的苏联合作的西方企业家，被列宁亲切地称为"哈默同志"；他又是第一个乘坐私人飞机访问中国的西方企业家，被邓小平誉为"勇敢的人"。

哈默是俄国移民的后裔，是一个很有志气的伟人。1919 年，21 岁的哈默在哥伦比亚大学获文学学士学位后，接管了父亲的制药厂。23 岁那年获得医学博士学位时，他已拥有 200 万美元的资产，成为一名学生企业家。随后，他去了苏联，为两国的贸易和矿产开发做了大量的工作；同时还在苏联建立了铅笔生产厂，把美国成功的管理经验传授给这家工厂。1956 年哈默购买了西方石油公司，开创了西方世界的又一个石油王国。80 年代，他大力推动西方石油公司的多样化经营，使西方石油公司成为肉

人物档案

姓　名：亚蒙·哈默
生卒日：1898.5.21～1990.12.10
国　籍：美国
身　份：企业家
重大成就：促进中美、美苏之间的交流

食品加工的巨头和美国石化产品制造商中的佼佼者。哈默也由此被人们称为经营奇才。

哈默在苏联期间与列宁建立了友谊；与美国几届总统、外国首脑、王公贵族、将军及教皇等都有过交往；他还曾多次访问过中国，与中国合作，为中国少年儿童基金会捐款。他耗费巨资和精力收藏了大量的艺术珍品，并把它们作为人类共同的财富，送到世界各地展出。因此，人们又称他为政治外交型企业家。

哈默作为一个成功的企业家，与众不同的是，他的经营时常与政治联系在一起。他视金钱如浮云，更关心人类的和平，他是一年一度的"国际和平与人权会议"的发起者和赞助人。他经常乘坐自己的飞机，从一个国家飞到另一个国家传递和平信息，呼吁并极力促进美苏最高领导人举行会谈，是著名的社会活动家。他经常慷慨解囊支持文化教育和社会福利事业。他创办癌病研究中心，担任美国总统三人癌症研究顾问小组主席。他亲自率领医疗小组，去苏联抢救切尔诺贝利核事故的受害者。他乐善好施，四处捐款，1988年，他向中国少年儿童基金会捐款2万美元。

直击成功

哈默勇敢自信，富有冒险精神，他的乐善好施赢得了人们的敬重。

成功源于永不停歇的脚步，即使年逾九旬，他还是一如既往，四处奔波，不断有新的追求，不断攀登新的高峰，被世人誉为"20世纪最令人感到不可思议的大富翁"。他对世界和平的呼吁和贡献功不可没。

13 生活在黑暗中的光明使者——海伦·凯勒

整理：刘爽 张丽娜

海伦·凯勒出生于美国，18个月的时候猩红热夺去了她的视力和听力，不久，她又丧失了语言表达能力。从此，她坠入了一个黑暗而沉寂的世界，陷进了痛苦的深渊。

1887年3月3日，对海伦来说这是个极其重要的日子。这一天，家里为她请来了一位教师——安妮·莎莉文小姐。莎莉文在小时候眼睛也差点失明，她了解失去光明的痛苦。在她的指导下，海伦逐渐学会了手语，还通过摸点字卡学会了读书，后来终于学会了说话。海伦是个奇迹。她学发声，要用触觉来领会发音时喉咙的颤动和嘴的运动，而这往往是不准确的。为此，海伦不得不反复练习发音，有时为发一个音一练就是几个小时。失败和疲劳使她心力交瘁，可是她始终没有退缩，夜以继日地刻苦努力，终于可以流利地说出"爸爸"、"妈妈"、"妹妹"了，全家人惊喜地拥抱了她，连她喜爱的那只小狗也似乎听懂了她的呼唤，跑到她跟前直舔她的手。

人物档案

姓　名：海伦·凯勒
生卒日：1880.6.27~1968.6.1
国　籍：美国
身　份：盲聋女作家、教育家、慈善家、社会活动家
重大成就：致力于救助伤残儿童、保护妇女权益和争取种族平等的社会活动

莎莉文老师为了让海伦接近大自然，让她在草地上打滚，在田野中奔跑，在地里埋下种子，爬到树上吃饭；还带她去摸一摸刚出生的小猪，到河边去玩水。海伦在老师爱的关怀下，竟然克服失明与失聪的障碍，完成了大学学业。

1936年，和她朝夕相处五十年的老师离开了人间，海伦非常伤心。她知道，如果没有老师的爱，就没有今天的她，她决心要把老师给她的爱发扬光大。于是，海伦跑遍美国大大小小的城市，周游世界，为残障人士到处奔走，全心全意为那些不幸的人服务。

海伦·凯勒一生一共写了14部著作。《我的生活》是她的处女作，作品一发表立即在美国引起了轰动，被称为"世界文学史上无与伦比的杰作"，出版的版本超过百余种，在世界上产生了巨大的影响。《假如给我三天光明》是海伦·凯勒的散文代表作，她以一个身残志坚的柔弱女子的视角，告诫身体健全的人们应珍惜生命，珍惜自己所拥有的一切。

87岁时海伦去世，她终生致力于服务残障人士的事迹传遍了全世界，她的故事还被拍成了电影。

直击成功　　　莎莉文老师把最珍贵的爱给了海伦·凯勒，海伦·凯勒又把爱散播给所有不幸的人，带给他们希望。她坚强的意志和卓越的贡献感动了全世界。著名作家马克·吐温曾说："海伦·凯勒和拿破仑是19世纪两个最杰出的人。拿破仑试图用暴力征服世界，他失败了；海伦·凯勒用笔征服世界，她成功了。"

14 科学革命的先驱者——伽利略

整理：刘爽 程琳 鞠卫华

伽利略生于意大利,父亲精通音乐理论和声学,伽利略自幼受父亲的影响,对音乐、诗歌、绘画以及机械兴趣极浓;也像他父亲一样,不迷信权威。17岁时遵从父命进比萨大学学医,可是对医学他毫无兴趣,而在课外听著名学者欧里奇讲欧几里德几何学和阿基米德静力学时,产生了浓厚的兴趣。

1583年,伽利略在比萨教堂里注意到一盏悬灯在摆动,随后他用线悬铜球做模拟(单摆)实验,证实了微小摆动的等时性以及摆长对周期的影响,由此创制出脉搏计用来测量短时间间隔。1585年因家贫退学,但仍刻苦自学。1586年,他发明了浮力天平,并写出论文《小天平》。

1590年,伽利略在比萨斜塔上做了"两个铁球同时落地"的著名实验,从此推翻了亚里士多德"物体下落速度和重量成比例"的学说,纠正了这个持续了1900年之久的错误结论。

1609年,伽利略创制了天文望远镜(后被称为伽利

人物档案

姓　名：伽利略
生卒年：1564 ~ 1642
国　籍：意大利
身　份：数学家、天文学家、物理学家、哲学家
重大成就：在科学实验的基础上融合贯通了数学、天文学、物理学三门科学

略望远镜），用来观测天体。他发现了月球表面的凹凸不平，并亲手绘制了第一幅月面图。

1610 年，伽利略发现了木星的四颗卫星，为哥白尼学说找到了确凿的证据，标志着哥白尼学说开始走向胜利。借助于望远镜，伽利略还先后发现了土星光环、太阳黑子、太阳的自转、金星和水星的盈亏现象以及银河是由无数恒星组成的。这些发现开辟了天文学的新时代。

伽利略著有《星际使者》、《关于太阳黑子的书信》、《关于托勒玫和哥白尼两大世界体系的对话》和《关于两门新科学的谈话和数学证明》。为了纪念伽利略的功绩，人们把木卫一、木卫二、木卫三和木卫四命名为伽利略卫星。人们争相传颂："哥伦布发现了新大陆，伽利略发现了新宇宙。"

伽利略是伟大的意大利物理学家和天文学家，科学革命的先驱。历史上他首先在科学实验的基础上融会贯通了数学、物理学和天文学三门知识，扩大、加深并改变了人类对物质运动和宇宙的认识。为了证实和传播哥白尼的日心说，伽利略献出了毕生精力。他晚年受到教会迫害，被终身监禁。他以系统的实验和观察推翻了以亚里士多德为代表的、纯属思辨的传统的自然观，开创了以实验事实为根据并具有严密逻辑体系的近代科学。伽利略被称为"近代科学之父"。他的工作，为牛顿理论体系的建立奠定了基础；他追求科学真理的精神，永远为后代所景仰。

科学革命的先驱者——伽利略

直击成功　伽利略是科学革命的先驱，毕生对哥白尼、开普勒开创的新世界观加以证明和广泛宣传，并以自己的牺牲唤起人们对日心说的公认，在人类思想解放和文明发展的过程中做出了划时代的贡献。

15 百科全书式的科学家——亚里士多德

整理：刘爽 程琳

亚里士多德出生于公元前384年，12岁的时候被送到雅典的柏拉图学院学习，此后20年间一直住在学院，直至老师柏拉图去世。柏拉图去世后，由于学院的新首脑比较赞同柏拉图哲学中的数学倾向，令亚里士多德无法忍受，他便离开了雅典。

3年后，亚里士多德又被马其顿的国王召回故乡，成为当时年仅13岁的亚历山大大帝的老师。亚里士多德向这位未来的世界领袖灌输了道德、政治以及哲学的教育。在亚里士多德的影响下，亚历山大大帝始终对科学事业非常关心，对知识十分尊重。但是，亚里士多德和亚历山大大帝的政治观点并不是完全相同的。

尽管自己的学生已经贵为国王，亚里士多德却没有一直留在国王身边，他决定回到雅典，建立自己的学院，教授哲学。亚里士多德非常重视教学方法，他反对刻板的教学方式。于是他经常带着学生在花园林荫大道上一边散步、一边讨论哲理，因此后人把亚里士多德学派称

人物档案

姓　名：亚里士多德
生卒年：公元前384 ~ 公元前322
国　籍：古希腊
身　份：世界古代史上最伟大的哲学家、科学家和教育家之一
重大成就：集古代知识于一身

作"逍遥学派"。

　　亚里士多德对世界的贡献之大，令人震惊。他一生撰写了170种著作，其中流传下来的有47种。更为重要的是他渊博的学识令人折服，他的科学著作，在那个年代就是一本百科全书，内容涉及天文学、动物学、胚胎学、地理学、地质学、物理学、解剖学、生理学等古希腊人已知的各个学科。他的著作包含三个方面：一是前人的知识积累，二是助手们为他所作的调查与发现，三是他自己独立的见解。

　　亚里士多德的著作所表述的观点是：人类生活及社会的每个方面，都是思考与分析的客体；宇宙万物不被神、机会和幻术所控制，而是遵循着一定的规律运行；人类对自然界进行系统而深入的研究是值得的；我们应当通过实验和逻辑分析，得出自己的结论。亚里士多德的这种反对传统、反对迷信与神秘主义的主张，对西方文化产生了深远的影响。

　　亚里士多德的重要著作有《形而上学》、《伦理学》、《政治学》和《分析前篇和后篇》等。这些著作对后来的哲学和科学发展有很大的影响。在他死后几百年中，没有一个人像他那样对知识有过系统的考察和全面的掌握。他的著作是古代的百科全书，他的思想曾经统治过全欧洲。恩格斯称他是"最博学的人"。

百科全书式的科学家——亚里士多德

直击成功　　亚里士多德一生勤奋治学，写下了大量的著作，他的著作是古代的百科全书。他坚持自己的观点，反对传统的神秘主义的主张，因此他的思想对人类产生了深远的影响。他创立了形式逻辑学，丰富和发展了哲学的各个分支学科，对科学的很多方面做出了巨大的贡献。

16 杰出的雕刻大师——罗丹

整理：刘爽 程琳 赵文燕

罗丹是法国著名的雕塑家。他生于一个贫穷的基督教家庭，父亲是一名警务信使，母亲是穷苦的平民妇女。罗丹从小喜爱美术，其他功课却很糟糕。在姐姐玛丽的支持下，父亲同意把他送进巴黎美术工艺学校。玛丽靠自己挣得的工钱来供给罗丹食宿费，因此他从小就深深地敬爱他的姐姐。

罗丹14岁随荷拉斯·勒考克学画，后又随巴耶学雕塑，并当过加里埃·贝勒斯的助手，去比利时布鲁塞尔创作装饰雕塑五年。1875年游意大利，深受米开朗基罗作品的启发，从而确立了现实主义的创作手法。他的《青铜时代》、《思想者》、《雨果》、《加莱义民》和《巴尔扎克》等作品都有新的创造，他善于用丰富多样的绘画手法塑造神态生动、富有力量的艺术形象。生平创作了许多速写，别具风格，并有《艺术论》传世。罗丹在欧洲雕塑史上的地位，正如诗人但丁在欧洲文学史上的地位一样。

罗丹的伟大成就，得益于他的勤奋好学。每天天不亮他就起床，先到一个业余画家的家里对着实物画几个

人物档案

姓　名：奥古斯特·罗丹
生卒日：1840.11.12~1917.11.17
国　籍：法国
身　份：雕塑家
重大成就：创作了《青铜时代》、《思想者》、《雨果》、《加莱义民》和《巴尔扎克》等作品

小时的素描，接着又急忙赶去上学。晚上从学校回来，还要去博物馆。当时博物馆里有一个专画人体的学习班，他在那里要画上2个小时。除此之外，他还要抽空到图书馆、博物馆，观摩学习古代的雕塑作品。罗丹争分夺秒地学习和工作，他说，为了使我的工作不停顿，哪怕是一秒钟都不能放松，我每天要工作14个小时。

罗丹善于向别人学习。有一天，他正在一根柱子上雕刻植物，对所雕刻的花和茎都很满意，唯独对叶片左看右看总是不顺眼，雕了修，修了雕，反反复复老是不尽如人意。这时有一个叫康士坦的工匠在旁边看着，忍不住说："你不要老是用一个方法雕，这样看起来叶子是平的，不生动。……你让叶子尖突出来对准你，这样就显得富有气韵了。"罗丹听了很高兴，得到了很大的启发，他照着康士坦说的话去做，果然植物的叶子就显得灵活生动了。

罗丹的一生是被人攻击和嘲讽，同时也被人理解和支持的一生。但他始终以一种伟大的人格正确地面对这一切。罗丹一生攀登，并终于登上米开朗基罗之后的又一高峰。罗丹坚信："艺术即感情"。他的全部作品都证明了这一观念，都深刻揭示了人类的丰富情感。罗丹偏爱悲壮的主题，善于从残破中发掘出力与美，这使他的艺术具备博大精深的品格。他开创了一个全新的时代，创作了一种全新的艺术手法。他的作品所体现出的思想和精神魅力，永远带给人以深沉的美，启迪着人们不停地思考。

杰出的雕刻大师——罗丹

直击成功　　对于现代人来说，罗丹是古典主义时期的最后一位雕刻家，又是现代主义时期最初一位雕刻家。他用勤奋的精神、好学的态度以及对艺术的不懈追求，加上不为传统束缚的创造精神，打开了现代雕塑的大门。他的创作对欧洲近代雕塑的发展有较大影响。

17 汉藏友好的使者——文成公主

整理：刘爽 程琳

文成公主是唐朝宗室之女，汉族。她聪慧美丽，自幼受家庭熏陶，学习文化，知书达理，并信仰佛教。

松赞干布是藏族历史上的英雄，他统一藏区，成为藏族的赞普（"君长"之意），建立了吐蕃王朝。

7世纪，西藏王松赞干布震撼唐朝。当时，唐朝拥有世界最先进的经济文化，唐太宗崇尚"一桩婚姻就相当于10万雄兵"。唐贞观十四年（公元640年），松赞干布遣大相禄东赞至长安，献金五千两，珍玩数百，向唐朝请婚。16岁的文成公主主动应征作25岁的松赞干布夫人，唐太宗许嫁。贞观十五年，文成公主在唐送亲专使李道宗和吐蕃迎亲专使禄东赞的伴随下，出长安前往吐蕃。松赞干布在柏海（今青海玛多）亲自迎接，谒见李道宗，行子婿之礼。之后，携文成公主同返逻些（今拉萨）。文成公主在吐蕃生活了近40年，一直备受尊崇。据《吐蕃王朝世袭明鉴》等史料记载，文成公主进藏时，队伍非常庞大，陪嫁十分丰厚：有"释迦佛像、珍宝、金玉

人物档案

姓　名：李雪雁
生卒年：？~680
籍　贯：长安（今陕西西安）
身　份：唐朝公主
重大成就：促进汉藏两族的友谊和吐蕃经济文化的发展

书橱、360卷经典、各种金玉饰物"，还有多种烹饪食物、各种花纹图案的锦缎垫被、卜筮经典300种、识别善恶的明鉴、营造与工技著作60种、100种治病药方、医学论著4种、诊断法5种、医疗器械6种，还携带各种谷物和芜菁种子等。

松赞干布去世后，文成公主一直居住在西藏。她热爱藏族同胞，也深受百姓爱戴。她曾设计和协助建造大昭寺和小昭寺。在她的影响下，汉族的碾磨、纺织、陶器、造纸、酿酒等工艺陆续传到吐蕃；她带来的诗文、农书、佛经、史书、医典、历法等典籍，促进了吐蕃经济、文化的发展，加强了汉藏人民的友好关系。她带来的金质释迦佛像，至今仍为藏族人民所崇拜。

文成公主逝世后，吐蕃王朝为她举行了隆重的葬礼，唐遣使臣赴吐蕃吊祭。至今拉萨仍保存着藏族人民为纪念她而造的塑像，距今已有1300多年的历史。青海省玉树县也建有文成公主庙，庙中央的文成公主塑像，端坐于狮子莲花座上，身高8米，形象生动，雕刻精细。这里一年四季香火不断，酥油灯昼夜长明，前来朝拜的藏汉群众络绎不绝。相传文成公主前往拉萨途中，曾在此地停留很长时间，受到当地藏族首领和群众的隆重欢迎，她深受感动，便决定多住些日子，并教给当地群众耕作、纺织技术。文成公主庙现已被列为国家级文物保护单位。

直击成功   文成公主入藏带去了许多工艺品、谷物蔬菜种子、药材、茶叶以及历法、生产技术和各种书籍，大大促进了吐蕃经济文化的进步与发展，奠定了汉藏密切交往的基础。为促进唐、吐蕃间经济文化的交流，增进汉藏两族人民亲密、友好、合作的关系，做出了历史性的贡献。

汉藏友好的使者——文成公主

18 人民的好儿子——毛岸英

整理：刘爽　王娜

毛岸英出生在湖南省长沙市。8岁时，由于母亲杨开慧被捕入狱，毛岸英也被关进牢房。杨开慧牺牲后，党组织安排毛岸英和两个弟弟来到上海。后来，由于地下党组织遭到破坏，毛岸英兄弟流落街头。他当过学徒，捡过破烂，卖过报纸，推过人力车。1936年，毛岸英和弟弟毛岸青被安排到苏联学习。在苏联期间，他开始在军政学校和军事学院学习，以后参加了苏联卫国战争，曾冒着枪林弹雨，转战欧洲战场。1946年，毛岸英回到延安，同年加入中国共产党。毛岸英遵照毛泽东"补上劳动大学这一课"的要求，在解放区搞过土改，做过宣传工作，当过秘书。解放初期，任过工厂的党委副书记。他虽然是毛泽东的儿子，但是从来没有因自己是领袖的儿子而欺压百姓，相反，总是处处严格要求自己，努力和普通群众打成一片。

1950年，抗美援朝战争爆发。新婚不久的毛岸英主动请求入朝参战，毛泽东身边的人都不同意，因为他们知道毛泽东的家庭在革命斗

人物
档案

姓　　名：毛岸英
生卒日：1922.10.24~1950.11.25
籍　　贯：湖南湘潭
身　　份：毛泽东的长子
重大成就：彭德怀司令员称其为"志
愿军的第一个志愿兵"

争中付出了巨大牺牲，更何况此次要面对拥有世界上最强大火力的美军，要"锻炼"也绝不能选择这种随时可能牺牲的时候。当中南海里的许多人都来劝毛泽东出面阻止时，得到的回答却是："谁叫他是毛泽东的儿子！他不去谁还去！"就这样，毛岸英担任中国人民志愿军司令部俄语翻译和秘书赴朝作战。他工作积极，认真负责，迅速熟悉了机关业务。

1950年11月25日上午11点左右，美军4架战斗机嗡嗡怪叫着在志愿军司令部的上空盘旋，随即扔下几枚汽油弹。已躲入防空洞的毛岸英等四名参谋见敌机飞走，便跑回司令部。谁知紧接着又飞来四架敌机，扔下无数枚汽油弹，毛岸英等人再向外跑，为时已晚。汽油弹从屋顶落下来，木板房的门已被火封死，一时浓烟滚滚，火光冲天。

大火扑灭后，有人找到了毛岸英的手表，把他交给了彭德怀……

毛岸英牺牲了！毛主席尊重中朝人民的意愿，将其永远安葬于朝鲜平安南道桧仓郡的中国人民志愿军烈士陵园。

直击成功　　身为毛泽东的长子，毛岸英从没有因此而骄横跋扈，居高临下，他身先士卒，为共产主义事业牺牲了生命，因此他不愧为毛泽东的儿子，不愧为中国人民的好儿子，更不愧为中朝两国人民的好儿子！他为后来的青年人树立了光辉的榜样。

Part 1 语文

人民的好儿子——毛岸英

19 卓越的探险家、旅行家与外交家——张骞

整理：刘爽　杜媛　张堃

张骞是中国历史上第一位有影响的对外友好使者。他体魄健壮，性格开朗，富有开拓和冒险精神，汉武帝时被封为博望侯，出使乌孙国，使汉朝能与中亚各国交流，打通了前往西域的南北两条通道。

当时汉匈关系恶化，汉朝正在准备进行一场抗击匈奴的战争。一个偶然的机会，汉武帝从一个匈奴俘虏口中了解到，西域有个大月氏国家，其王被匈奴单于杀死，还把他的头颅做成酒器。大月氏人忍受不了匈奴的奴役，便迁徙到天山北麓的伊犁河流域。后又受到乌孙国的攻击，再向西南迁到妫水（今阿姆河）流域。大月氏王想报杀父之仇，但苦于无人相助。汉武帝了解到这些情况后，决定派使者出使大月氏。张骞以郎官身份应募，肩负出使大月氏的任务。

公元前 138 年，张骞奉命率人前往西域，寻找并联合大月氏，合力进击匈奴。张骞一行从长安起程，经陇西向西行进。他们来到河西走廊一带后，被占据此地的

人物
档案

姓　名：张骞
生卒日：约公元前 164 ~公元前 114
籍　贯：汉中郡城固(今陕西城固县)
身　份：西汉时期著名的外交家、探险家，"丝绸之路"的开拓者
重大成就：开拓汉朝通往西域的南北通道

匈奴骑兵发现，张骞和随从一百多人全部被俘。

匈奴单于知道了张骞西行的目的之后，把他们分散开去放羊牧马，并由匈奴人严加管制。还给张骞娶了匈奴女子为妻，一是监视他，二是诱使他投降。但是，张骞坚贞不屈。

过了整整十一个春秋，张骞才乘机和他的贴身随从甘父一起逃走，离开匈奴的地盘，继续向西行进。历尽千辛万苦，终于越过沙漠、戈壁，翻过冰冻雪封的葱岭（今帕米尔高原），来到了大宛国（今费尔干纳）。国王热情地接见了张骞，并帮助他先后到了康居（今撒马尔罕）、大月氏、大夏等地。此时大月氏在阿姆河上游安居乐业，不愿再东进和匈奴作战。张骞未能完成与大月氏结盟夹击匈奴的使命，却获得了大量西域各国的人文地理知识。

张骞在返回的途中，再次被匈奴人抓获，后又设计逃出。于13年后回到长安。这次出使西域，使生活在中原内地的人们了解到西域的实况，激发了汉武帝"拓边"的雄心，此后他发动了一系列抗击匈奴的战争。

公元前119年，汉王朝为了进一步联络乌孙，断"匈奴右臂"，派张骞再次出使西域。这次，张骞带了三百多人，顺利地到达了乌孙，并派副使访问了康居、大宛、大月氏、大夏、安息（今伊朗）、身毒（今印度）等国家。由于乌孙内乱，也未能实现结盟的目的。汉武帝派名将霍去病带重兵攻击匈奴，消灭了盘踞河西走廊和漠北的匈奴，建立了河西四郡和两关，开拓了丝绸之路。

张骞不畏艰险，两次出使西域，沟通了亚洲内陆交通要道，促进了东西经济文化的广泛交流，开拓了丝绸之路。

直击成功

张骞是一个目标坚定、意志坚强的人。他为了完成汉王朝交给他的外交使命，忍辱负重，机智勇敢，不畏艰险。不仅使边境安定，汉王朝政权得以巩固，而且开拓了著名的丝绸之路，至今为世人称道。

卓越的探险家、旅行家与外交家——张骞

20 投笔从戎建功立业的军事家、外交家——班超

整理：刘爽 杜媛

班超是东汉著名史学家班彪的幼子，其长兄班固、妹妹班昭也是著名的史学家。

东汉明帝永平五年，班超和母亲跟随哥哥到洛阳居住。由于家里贫穷，他便替官府和私人抄写文件书籍，赚钱贴补家用。他看到国势日弱，有一次，竟把笔往地上一扔，长叹道："大丈夫应当学习傅介子和张骞，立功异域！"

周围的人听了班超的话，都笑他不知天高地厚。班超说："目光短浅的人怎知道壮士的志向啊！"决心即定，他便辞掉抄写的工作，去当了一名军官。这就是历史上著名的"投笔从戎"的故事。

班超41岁时，奉车都尉（官名，掌管皇帝乘坐的车马）窦固之命领兵攻打匈奴。班超与匈奴军队在蒲类打了一仗，大胜而归。窦固认为班超围剿很有才能，就派他和从事郭恂一起出使西域的鄯善国。

班超初到鄯善国的时候，国王对班超和他的官属们非常尊敬、周到，后来忽然对他们冷淡起来。班超对他的官属们说："这一定是匈奴派的使者到这里进行威

人物档案

姓　名：班超
生卒年：32~102
籍　贯：陕西咸阳
身　份：东汉时期著名的军事家、外交家
重大成就：出使西域，促进民族融合

40

胁利诱，因此鄯善国的君臣才观望怀疑，不知何去何从。"于是夜幕降临的时候，班超就率领官属和士兵，奔向匈奴的军营。此时恰逢天刮大风，班超命令十个士兵隐藏在匈奴使者营房的后面，并约定见火起就击鼓大呼；其余的人埋伏在大门两边。班超顺着风势点燃了火把，一时间，鼓声震天，匈奴使者个个惊慌失措，场面一片混乱。有三十多人被斩了首级，其余的百来人被烧死。

第二天，班超请来鄯善国国王，要他看看匈奴使者的下场。鄯善国上下大为震惊。鄯善王终于答应把自己的儿子作为人质，真心诚意归附汉朝。

接着，班超马不停蹄出使于阗、疏勒，镇服两国，又粉碎了受匈奴指使的焉耆、龟兹两国的进攻，恢复了两国与汉朝中断了 65 年的关系。

班超决心长期留驻西域。从公元 87 年起，他又陆续平定了莎车等国的叛乱，击退了大月氏王朝 7 万人的进攻，保护了西域南道各国的安全及"丝绸之路"的畅通。西域大小 50 国全部归属，汉章帝封班超为定远侯，西域从此安定，匈奴不敢南下。

班超在西域 32 年，纵横捭阖，使西域与内地联为一体，为中华民族的基业立下了丰功伟绩。

直击成功

　　班超年少有大志，常欲效张骞立功异域，效命疆场，遂投笔从戎。
　　正是因为有了这样的志向，他两次出使，凭借智勇，先后使鄯善、于阗、疏勒三个王国恢复了与汉朝的友好关系。

21 治国治军的奇才——诸葛亮

整理：刘爽 杜媛 鞠晶

诸葛亮字孔明，人称"卧龙"，诸葛亮兄诸葛瑾仕于吴孙权，拜大军、左都护。弟诸葛诞仕于魏，为吏部郎。兄弟三人"并有盛名，各在一国。于时以为'蜀得其龙，吴得其虎，魏得其狗'"（《世说新语·品藻》）。

诸葛亮早年结庐于襄阳城西隆中山中隐居。公元 207 年，思贤若渴的刘备三顾茅庐，请计于诸葛亮，诸葛亮精辟地分析了天下形势，提出了统一天下应走"鼎足三分，联吴抗曹"的道路，史称"隆中对"。这是诸葛亮为刘备提出的一条正确的政治路线和军事路线，也是诸葛亮一生的行动纲领。从此，刘备的事业才出现了转机。

公元 208 年，曹操率三十万大军南下荆州，诸葛亮以其大智大勇出使东吴，说服东吴抗击曹操，取得赤壁之战的胜利，为刘备取得了立足之地。刘备称帝后，诸葛亮任丞相。公元 223 年蜀后主刘禅继位，诸葛亮被封为武乡侯。他励精图治，赏罚严明，推行屯田政策，

人物档案

姓　名：诸葛亮
生卒年：181~234
籍　贯：汉末徐州琅琊郡阳都县
　　　　（今山东沂南县）
身　份：三国时期杰出的政治家、
　　　　军事家
重大成就：著有《前出师表》、《后出师表》、《诫子书》

并改善西南各族与蜀汉的关系，有利于当地经济、文化的发展。他曾六次北伐中原。

诸葛亮的一生共两个 27 年。

公元 207 年以前的 27 年，是他修身养性立志用世的准备阶段。他学有所成后没有北投曹操，也没有南归孙权，而是辅佐了"名微众寡"的刘备，这固然有客观原因，但也并非出于偶然。他之所以要选择兴复汉室的道路，说明他是一个维护封建纲常、崇尚儒家忠义道德的正统思想家。

公元 207 年到 234 年的 27 年，是诸葛亮尽忠蜀汉的阶段。无论先主、后主都非常信任他。他没有恪守儒家教条，他尊王而不攘夷，进兵南中，和抚夷越，在三国中执行了最好的民族政策。

诸葛亮治国治军的才能，济世爱民、谦虚谨慎的品格为后世各种杰出的历史人物树立了榜样。历代君臣、知识分子、人民群众都从不同的角度称赞他、歌颂他、热爱他。可以说，诸葛亮在历史上的巨大影响已超过了他在三国历史上的政治军事实践。

直击成功

诸葛亮明法、正身、和吴、治军，以"鞠躬尽瘁，死而后已"的无私奉献精神战斗到生命的最后一息。"受任于败军之际，奉命于危难之间"，他的忠公体国精神，生前就深受蜀人爱戴，死后更长期受到后人的敬仰，已成为中华民族传统文化的一份宝贵遗产。

22 矛盾激变中的文学泰斗——列夫·托尔斯泰

整理：刘爽　张红梅

托尔斯泰出身于贵族家庭，他1岁半丧母，9岁丧父，后来住在姑母家，自幼接受典型的贵族家庭教育。16岁考入大学，他迷恋社交生活，对哲学尤其是道德哲学产生兴趣，喜爱卢梭的学说及其为人，并广泛阅读文学作品。

19世纪50年代，托尔斯泰在高加索入伍并开始了文学创作，处女作《童年》就在此时完成。托尔斯泰退役回到家乡后，曾为农民子弟办学。20世纪六七十年代，托尔斯泰先后完成了长篇小说《战争与和平》和《安娜·卡列尼娜》，这两部作品为他赢得了世界一流作家的声誉。

70年代末80年代初，托尔斯泰经历了一场世界观的激变。他否定了贵族阶级的生活，站到了农民的一边。从此托尔斯泰厌弃自己及周围的贵族生活，不时从事体力劳动，自己耕地、缝鞋，为农民盖房子，摒绝奢侈，持斋吃素。他也改变了文艺观，指斥自己过去的作品包

人物档案

姓　　名：列夫·尼克拉耶维奇·托尔斯泰
生卒日：1828.9.9 ～ 1910.11.20
国　　籍：俄国
身　　份：俄国最伟大的作家
重大成就：著有长篇小说《战争与和平》、《安娜·卡列尼娜》、《复活》等巨著

括《战争与和平》等巨著为"老爷式的游戏"，并把创作重点转移到论文和政论上。他还广泛地从事社会活动，访问贫民窟，参加人口调查，深入了解城市下层生活，组织赈济受灾农民的活动。

托尔斯泰不但在生活方式上发生了很大变化，而且力求使自己的作品能被普通的农民所接受。他写了不少民间故事和"人民戏剧"，也写了一些优秀的小说，其中有著名的长篇小说《复活》。《复活》是托尔斯泰晚年最重要的作品，它显示了托尔斯泰"撕下一切假面具"的决心和彻底暴露旧世界的激情。小说对沙俄的法律、法庭、监狱以及整个国家机器和官方教会，都给予了无情的抨击。为此，托尔斯泰遭到当局和教会的迫害。在人民中却获得了越来越高的声誉。

托尔斯泰早在1847年起开始写日记，以后一直坚持到晚年。日记是他朝夕反省和不断进行探索的心灵的记录，也是锻炼写作能力、研究人的内心生活秘密的手段。托尔斯泰晚年生活力求平民化，并保持着旺盛的创作精力，完成了中篇小说《哈泽·穆拉特》和《舞会之后》等优秀作品。1910年，他在出走途中去世。

托尔斯泰是19世纪伟大的批判现实主义的杰出代表。他以自己有力的笔触和卓越的艺术技巧辛勤创作了"世界文学中第一流的作品"，因此被列宁称为具有"最清醒的现实主义"的"天才艺术家"。托尔斯泰的作品不失为人类的骄傲，他已被公认为全世界的文学泰斗。

直击成功

托尔斯泰虽出身贵族，但能够否定贵族生活，站在劳动人民一边，他深入劳动人民的生活，使其作品能够不断地接近现实，提高了艺术水准，成为世界文学泰斗。托尔斯泰还是一位勤奋的作家，几十年如一日坚持写日记，锻炼自己的写作能力，令人敬佩。

矛盾激变中的文学泰斗——列夫·托尔斯泰

23 坚定的马克思主义传播者——李大钊

整理：刘爽 崔璐

李大钊是中国最早的一批马克思主义者和共产主义者中的一员，是中国共产党的主要创始人之一。

1907 年，18 岁的李大钊考入天津北洋法政专门学校学习政治经济。1913 年冬，24 岁的李大钊怀着忧国忧民的情怀，东渡日本，考入东京早稻田大学政治本科学习。日本帝国主义向袁世凯提出灭亡中国的"二十一条"后，李大钊积极参加留日学生总会的爱国斗争，他起草的《警告全国父老书》的通电迅速传遍全国，他也因此成为举国闻名的爱国志士。1916 年李大钊回国后，积极参与正在兴起的新文化运动。

俄国十月社会主义革命的胜利极大地鼓舞和启发了李大钊，他先后发表了《法俄革命之比较观》、《庶民的胜利》和《布尔什维主义的胜利》等文章和演说。他宣称："试看将来的环球，必是赤旗的世界！"

1920 年 3 月，李大钊在北京大学发起组织马克思学说研究会。10 月，在李大钊的发起下，北京共产主义小组建立。

人物档案

姓　名：李大钊
生卒日：1889.10.29~1927.4.28
籍　贯：河北省乐亭县
身　份：中国共产党的主要创始人之一
重大成就：参与中国共产党的创建

1921 年中国共产党成立后，李大钊代表党中央指导北方的工作。在党的二大、三大和四大上，他都当选为中央委员。

1926 年 3 月，李大钊领导并亲自参加了北京人民反对日、英帝国主义和反对军阀张作霖、吴佩孚的斗争。北洋军阀段祺瑞政府制造了"三·一八"惨案，北京一片白色恐怖。李大钊在极端危险和困难的情况下，继续领导党的北方组织坚持革命斗争。

1927 年 4 月 6 日，奉系军阀张作霖勾结帝国主义，闯进苏联大使馆驻地，逮捕了李大钊等 80 余人。李大钊备受酷刑，但在监狱中，在法庭上，始终大义凛然，坚贞不屈。4 月 28 日，军阀张作霖不顾广大人民群众和社会舆论的强烈反对和谴责，公然将李大钊等 20 位革命者绞杀在西交民巷京师看守所内。李大钊从容就义，时年 38 岁。

直击成功 李大钊之所以被称为革命者的光辉典范，是因为他对中国人民的解放事业、对马克思主义的信仰和无产阶级革命前途的无限忠诚。他大义凛然的气节，坚贞不屈的斗争精神，成为共产党员的楷模，成为现代人宝贵的精神财富。

坚定的马克思主义传播者——李大钊

24 被誉为"三毛之父"的漫画家——张乐平

整理：刘爽 毕姮

张乐平出生于浙江省海盐县。父亲是位乡村教师，母亲擅长刺绣、剪纸，是张乐平最早的美术启蒙者。1923年，在小学老师的指导下，少年张乐平创作了平生第一张漫画《一豕负五千元》，讽刺军阀曹锟贿选，在当地名噪一时。1927年张乐平在家乡为反对军阀迎接北伐军的宣传队作画，1929年，开始向上海各报纸投稿，30年代初期，他经常在《时代漫画》等刊物上发表漫画作品，逐渐成为上海漫画界较有影响的一员。1935年春夏之交，张乐平笔下的三毛漫画形象在上海诞生，其奇特的造型立即引起了广大读者的注意。

1937年抗战爆发，为了中华民族的生存，青年张乐平与上海一些同仁组成了"抗战漫画宣传队"。

1945年，张乐平从广东重返上海，开始新的漫画创作生涯。1946年，《三毛从军记》在上海《申报》发表，引起轰动。第二年，另一部传世之作《三毛流浪记》在《大公报》连载，激起强烈反响。1949年4月，在宋庆

姓　名：张乐平
生卒日：1910.11.10～1992.9.28
籍　贯：浙江海盐人
身　份：中国当代最杰出的漫画家
　　　　之一
重大成就：漫画《三毛从军记》、《三毛流浪记》等

龄的支持下，张乐平举办了三毛原作画展，并义卖三毛原作及各种水彩、素描、写生画，筹款创办"三毛乐园"，收容流浪儿童。三毛系列漫画有：《三毛翻身记》、《三毛日记》、《三毛今昔》、《三毛新事》、《三毛迎解放》等。

五、六十年代，张乐平创作了大量的时事漫画，名重上海滩。

张乐平在《小朋友》、《儿童时代》等刊物上长期为儿童作画，并经常深入学校及少年宫等儿童活动场所辅导小朋友，曾几次荣获"全国先进少年儿童工作者"称号。

张乐平的艺术生涯是多姿多彩的。除了画漫画，他的年画、插图、速写、素描、水彩画、剪纸、国画都达到了很高的水准。1977年6月1日，三毛阔别十年后，以系列漫画《三毛学雷锋》形象复出。以后，张乐平又创作了《三毛爱科学》、《三毛与体育》、《三毛旅游记》、《三毛学法》等系列漫画。1983年，文化部在北京举办《三毛流浪记》原稿捐赠授奖仪式，原稿由中国美术馆收藏。同年，这位令人尊敬的"三毛之父"再次荣获"全国先进少年儿童工作者"称号。1985年，荣获首届中国福利会"樟树奖"。

1991年冬，张乐平决定将《三毛从军记》原稿捐献给上海美术馆。

被誉为『三毛之父』的漫画家——张乐平

直击成功　　张乐平从兴趣入手，经过扎实的艺术体验与创作实践，创作出活灵活现的"三毛"这一典型人物，至今为中国乃至世界儿童所熟知。他积极投身革命，了解社会底层人民的生活，大胆地反映了深刻的社会矛盾，他的作品有着广大的读者群和广泛的影响力。

25 全心全意为人民服务的楷模——张思德

整理：刘爽 崔璐

张思德出生于四川省仪陇县一户贫苦的佃农家里，不满周岁时母亲去世，靠婶婶抚养长大。12岁时就给地主放牛、割草。1933年9月，红军来到了他的家乡，成立了革命政权。张思德积极参加少先队，被选为队长，认真协助红军和民兵站岗放哨，巡查坏人。

1933年12月他参加红军，不久加入共青团，1937年10月，又加入中国共产党。1935年6月，红四方面军与长征北上的中央红军在四川懋功会合后，挥师北上。在长征途中，张思德曾两度经过人迹罕至的雪山、草地，历尽千辛万苦。到达陕北后，被调到中央军委警卫营通讯班当班长。在数年的通讯工作中，兢兢业业，吃苦耐劳，完成任务准确无误。

1940年初夏，国民党顽固派对边区军民施行军事"围剿"和经济封锁。为解决中央机关冬季取暖问题，他带人到延安以南的土黄沟，在深山老林中烧木炭。苦战了三个月，经过伐树、打窑、烧火、出窑、捆扎、运输等数道繁重的工序，终于把八万斤烧炭运到了延安。

人物档案

姓　名：张思德
生卒日：1915.4.19~1944.9.5
籍　贯：四川仪陇
身　份：中国人民解放军战士
重大成就：全心全意为人民服务的楷模

1941 年，抗日战争进入最艰苦的时期，为克服敌人封锁带来的经济困难，他随警卫营到南泥湾开荒。带领全班战士，克服生活上的许多困难，努力完成上级交给的生产任务。同时，还照常担负通讯工作，白天生产劳动干了一天活，不顾劳累，夜里又长距离步行送信，完成通讯任务。

1942 年冬，张思德从南泥湾调回延安。不久，因部队整编，领导调他这个班长去另一个班当普通战士。对此，他毫无怨言，服从革命的需要，不计较个人的名利得失。1943 年初夏，张思德被调到枣园内卫班，在毛主席身边当警卫战士。

1944 年，组织上再次派他到安塞县烧木炭。9 月 5 日，他正在炭窑内工作时，炭窑突然崩塌，张思德不幸牺牲。

1944 年 9 月 8 日下午，中共中央直属机关隆重举行追悼大会，在会上毛泽东发表了《为人民服务》的重要讲话，对他全心全意为人民服务的高尚品德进行了高度的评价。

直击成功　　张思德情系人民，为人民服务，对待工作总是认真负责，始终把党和人民的利益放在高于一切的位置，在平凡的工作中实践着一个共产党员为人民服务的宗旨。毛主席在《为人民服务》中说："张思德同志是为人民利益而死的，他的死是比泰山还重的。"

全心全意为人民服务的楷模——张思德

Part 1 语文

26 西汉时期忍辱负重的史学家——司马迁

整理：刘爽 崔璐

司马迁，西汉著名的史学家，其父司马炎为太史令。早年司马迁在故乡过着贫苦的生活。汉武帝元朔二年，司马迁从夏阳迁居长安，后随家迁至京城，从孔安国学《尚书》，从董仲舒学《春秋》。随后他继承父业为太史令。公元前104年，司马迁在主持历法修改工作的同时，正式动笔写《太史公书》。天汉二年（公元前99年），他因为"李陵事件"，为投降匈奴的李陵求情，触怒了汉武帝，遂遭受宫刑。在狱中司马迁发奋图强，自强不息，忍受了非常人所能忍受的痛苦，继续编写《史记》。

司马迁出狱后任中书令，继续发愤著书，终于于公元前91年完成了《史记》。

《史记》是中国第一部纪传体通史，全书包括十二"本纪"，三十"世家"，七十"列传"，十"表"，八"书"，共五个部分，一百三十篇约52.6万多字。记述了从传说中的黄帝至汉武帝太初四年上下三千年的历史。它同时也是一部文学名著，是中国传记文学的开

人物档案

姓　　名：司马迁（别名：太史公）
生卒年：公元前145~公元前87
籍　　贯：夏阳（今陕西韩城，一说山西河津）
身　　份：西汉史学家
重大成就：撰写《史记》

创性著作。司马迁撰写史记，态度严谨认真，实录精神是其最大的特色。他写的每一个历史人物或历史事件，都经过了大量的调查研究，并对史实反复作了核对。汉朝的历史学家班固高度评价了司马迁的科学态度和《史记》的记事翔实。他说，司马迁的文章公正，史实可靠，不空讲好话，不隐瞒坏事。

司马迁首创了以人载事的写法，着重写其"为人"，并注意其"为人"的复杂性。他在作传时，把自己的看法寓于客观的事实叙述之中，来表现自己对人物的爱憎态度。

司马迁以其"究天人之际，通古今之变，成一家之言"的史识，使《史记》成为中国历史上第一部纪传体通史，对后世的影响极为巨大，被鲁迅誉为"史家之绝唱，无韵之《离骚》"。

公元前87年，司马迁逝世，终年56岁。

西汉时期忍辱负重的史学家——司马迁

直击
成功

司马迁是中国历史上伟大的史学家，他因直言进谏而遭宫刑，却因此更加发愤著书，创作了名震古今中外的史学巨著《史记》，为中国人民、世界人民留下了一笔珍贵的文化遗产。《史记》无论是在中国史学界，还是在中国文学史上，都堪称是一座伟大的丰碑。

27 著名的开明绅士——李鼎铭

整理：刘爽 崔璐

李鼎铭出身农家，幼年受教于舅父杜良奎（杜聿明之父）家中，遍读经史子集，兼及医学经典著作，精通地理、数学、天文、气象，曾自造地理仪、天文盘，计算日月食的时间。因学有所长，闻名乡里。1903年赴绥德应试，考为廪生。1913年，利用临水寺开办了一所国民小学，兼任校长。后又在桃镇创办了国民高等小学，担任校长。

李鼎铭先生从事教育事业十余年，并开办医馆，治病救人，颇为邻里乡亲所称道。曾任北京中医医院主任医师，擅长治疗妇科、男科、儿科疑难重症，著有《傅青主女科全册汤头歌诀》一书。

1941年夏，李鼎铭先生以无党派人士身份，先后当选米脂县参议会议长、陕甘宁边区参议会副议长、边区政府副主席。1941年11月6日，陕甘宁边区参议会第二届第一次会议在延安开幕。在这次会议上，他提出了"精兵简政"的提案。这一提案提出后，立刻引起了很大反响，对于及时解决边区财政经济困难，不但适时中肯，而且具有远见卓识，可称得上是一

人物档案

姓　　名：李鼎铭
生卒年：1881~1947
籍　　贯：浙江仁和
身　　份：教育家、中医师
重大成就：提出"精兵简政"的主张，代表作《中国哲学思想体系与民族传统概念》

个带有战略意义的重大决策。毛泽东批示："这个办法很好，恰恰是改造我们的机会主义、官僚主义、形式主义的对症药。""精兵简政"政策成为我们党在抗日战争时期的十大政策之一，对坚持长期抗战，夺取最后胜利，起到了重要的历史作用。

1941年底，他被选为陕甘宁边区政府副主席。不久，举家迁往延安，这样他便成了中央领导同志身边的一位良医。在工作之余，他经常为毛泽东、徐特立、林伯渠、谢觉哉等人推拿按摩、望闻问切，并和他们建立了深厚的友谊。他从政七年，对主管工作躬亲过问，不顾年迈体弱，坚持调查研究。

李鼎铭有着深刻的学术思想和丰厚的学术成就。1943年撰写《中国哲学体系与民族传统概论》一书，这部书凝结着李鼎铭一生的研究心得和对中国古代哲学思想与智慧的独特见解。

著名的开明绅士——李鼎铭

直击成功

李鼎铭在中国民族民主革命的困难时期，毅然走上与中国共产党休戚与共、携手合作的革命道路，充分体现了他深明大义的爱国情怀和追求真理、胸怀坦荡的高尚品格。李鼎铭既是"精兵简政"政策的首倡者，也是直接领导者和认真执行者。

28 开创物理学新纪元的天才——爱因斯坦

整理：刘爽 车君

爱因斯坦是世界十大杰出物理学家之一，现代物理学的开创者、集大成者和奠基人，相对论——"质能关系"的提出者，"决定论量子力学诠释"的捍卫者（振动的粒子）——不掷骰子的上帝，同时也是一位著名的思想家和哲学家。1999年12月26日，爱因斯坦被美国《时代周刊》评选为"世纪伟人"。

爱因斯坦1905年获苏黎世大学哲学博士学位。曾在伯尔尼专利局任职，在苏黎世工业大学、布拉格大学担任教授。1913年返回德国，任柏林威廉皇帝物理研究所所长和柏林洪堡大学教授，并当选为普鲁士科学院院士。1933年因受纳粹政权迫害，迁居美国，任普林斯顿高级研究所教授，从事理论物理研究工作。

19世纪末期是物理学的大变革时期，爱因斯坦从实验事实出发，重新考查了物理学的基本概念，在理论上作出了根本性的突破。他的一些成就大大推动了天文学的发展。

爱因斯坦不仅是个杰出的科学家，而且从小就热爱和平。在他小时候，有一天德皇军队通过慕尼黑的街

人物档案

姓　名：阿尔伯特·爱因斯坦
生卒日：1879.3.14~1955.4.18
国　籍：美国
身　份：物理学家
重大成就：提出了狭义相对论、广义相对论，解释了光电效应

市，好奇的人们喝彩助兴，但爱因斯坦却恐惧得躲了起来，他既瞧不起又害怕这些"打仗的妖怪"，并要求他的母亲把他带到自己永远也不会变成这种"妖怪"的国度去。中学时爱因斯坦放弃了德国国籍，可他并不申请加入意大利国籍，他要做一个不要任何依附的世界公民……大战过后，爱因斯坦试图在现实的基础上建立他的世界和平的梦想，并且在"敌国"里进行了一连串"和平"演说。他的思想和行动，使他险遭杀身之祸。为了使自己与这个世界保持"和谐"，爱因斯坦不得不迁居美国，并加入了美国国籍。

1955 年 4 月 18 日，人类历史上最伟大的科学家，阿尔伯特·爱因斯坦因主动脉瘤破裂逝世于美国普林斯顿。爱因斯坦生前不要虚荣，死后更不要哀荣。他留下遗嘱，要求不发讣告，不举行葬礼。他把自己的脑供给医学研究，身体火葬焚化，骨灰秘密地撒在河里，不要坟墓也不想立碑。他的遗体火化的时候，随行的只有他最亲近的 12 个人，而其他人对于火化的时间和地点都不知道。 爱因斯坦在去世之前，把他在普林斯顿默谢雨街 112 号的房子留给了跟他工作了几十年的秘书杜卡斯小姐，并且强调："不许把这房子变成博物馆。"他不希望把默谢雨街变成一个朝圣地。他一生不崇拜偶像，也不希望以后的人把他当作偶像来崇拜。

爱因斯坦曾经说过："我自己不过是自然的一个极微小的部分"，"我没有什么特别的才能，不过喜欢寻根刨底地追究问题罢了"。他把一切献给了人类的科学事业，但是正如英菲尔德第一次与他接触时所感受到的那样，"真正的伟大和真正的高尚总是并肩而行的"，爱因斯坦的伟大业绩和精神永远留给了人类。

直击成功　　爱因斯坦并非一生下来就是天才，只是由于无限的勤奋和对物理学的执著热爱，才把他造就成一位科学天才。他具有科学创新的意识，不满足于前人已有的成果，不断推陈出新，用清晰的思维进行验证，用静静的思考解决问题，开创了物理学的新纪元。

开创物理学新纪元的天才——爱因斯坦

Part 2
音 乐

01 用艺术搭起国际交流桥梁的作曲家——陈钢

整理：过佳 许亚妮

陈钢少年时代起就师从父亲陈歌辛和匈牙利钢琴家瓦拉学习作曲和钢琴演奏。20 岁时，陈钢考入上海音乐学院，又师从院长丁善德和苏联音乐家阿尔扎马诺夫学习作曲与音乐理论。这些经历为他日后的音乐创作打下了扎实的理论基础。

在上海音乐学院求学期间，陈钢与何占豪合作创作了著名的小提琴协奏曲《梁祝》。这是一部蜚声中外乐坛的作品，也是迄今为止流传最广的一部中国交响乐作品，曾多次荣获金唱片与白金唱片奖。

三十年后，陈钢又创作了另外一首著名的小提琴协奏曲《王昭君》。《王昭君》被人们喻为《梁祝》的姊妹篇，荣获"中国小提琴协奏曲新作汇展"优秀作品奖。

2008 年，73 岁的陈钢先生的另一首小提琴协奏曲《红楼梦》问世，并在"上海之春国际艺术节"上成功演奏。

这三部作品集中体现了陈钢先生作品的特点，即能够把浓郁的民族情调和丰富的当代作曲技巧巧妙地融合起来。这一特点让许多演奏

人物档案

姓　名：陈钢
生　日：1935
籍　贯：上海
身　份：著名作曲家
重大成就：小提琴协奏曲《梁祝》、《王昭君》

过《梁祝》、《王昭君》等曲目的外国小提琴家都赞叹不已。

此外，陈钢先生早年创作的"红色小提琴系列"——小提琴独奏曲《苗岭的早晨》（根据同名口笛乐曲改编）、《金色的炉台》和《阳光照耀着塔什库尔干》等也都成了著名的小提琴音乐文献。

陈钢先生十分重视音乐形式的创新。早在 1963 年时，他就在电影《球迷》的配乐中突破禁锢，开创了新中国成立后运用现代作曲技巧的首例。1986 年，他在为香港管弦乐团创作的双簧管协奏曲中巧妙地运用了双音、多音与微分音和弦等现代技巧，准确地表现了西藏的号角风韵。他还创作了交响诗、大合唱和室内乐合奏曲等。

陈钢先生还是一位优秀的散文作家，著有《黑色浪漫曲》、《三只耳朵听音乐》、《蝴蝶是自由的》等散文集。

直击成功

陈钢先生的作品旋律优美、意境深长，完美诠释了中国古典文化的精髓，令人如痴如醉，在国内和国际上都有着崇高的声誉，要达到这样的创作高度，没有厚重的文化底蕴、精深的音乐理论基础和善于创新的表现风格是很难做到的。这告诉我们，成功的艺术创作必须根植于文化沃土。

用艺术搭起国际交流桥梁的作曲家——陈钢

02 神 笛——俞逊发

整理：过佳 许亚妮

俞逊发是我国著名的笛子演奏家，上海民族乐团一级演奏员，上海音乐家协会表演艺术理事，上海市政协委员，中国音乐家协会会员。俞逊发自幼喜欢民族乐器，他13岁时求师于陆春龄先生，14岁时即以优异成绩考入上海民族乐团成为随团学员，16岁时就在第三届"上海之春"选拔赛中崭露头角。后来，俞逊发又先后求师于冯子存、刘管乐、赵松庭等笛子大师，并先后在上海乐团、上海京剧团、中国艺术团工作，不断充实演奏技术，进行艺术积累，丰富实践经验。这些经历为俞逊发挖掘、开拓笛子的演奏技巧打下了非常坚实的基础。

25岁时，年轻的俞逊发研制发明了"口笛"，并于两年后首次在上海体育馆登台演奏，引起轰动。著名作曲家白诚仁先生特意为新生的"口笛"谱写了第一首乐曲《苗岭的早晨》。这首乐曲由俞逊发首演后，风靡海内外，"口笛"还曾被作为礼品赠送给外国元首。

20世纪70年代以后，

人物档案

姓　名：俞逊发
生卒日：1946.1.8 ~2006.1.21
籍　贯：上海
身　份：笛子演奏家
重大成就：开创了17项笛子吹奏技术

俞逊发先后创作、改编了 20 余首笛子独奏曲，其中多首曲目在国内、国际大赛中获奖。俞逊发演奏的由朱践耳作曲的《第四交响乐》（为竹笛及二十二件弦乐而作的室内交响乐），于 1990 年秋荣获瑞士"玛丽·何塞皇后国际交响乐作品大赛奖"，这是中国人首获该项大奖。

俞逊发先后出访欧、亚、美、澳、非等五大洲 30 多个国家与地区，多次被台湾、香港、澳门邀请进行个人专场音乐会与讲学，还几度与荷兰、日本、印度等国的著名演奏家进行即兴演奏，为中国的民族音乐与西方音乐的合作与沟通做出了重要的贡献和有益的探索。俞逊发的笛乐造诣高超，他的演奏深受人们的喜爱。世人皆赞"古有俞伯牙，今有俞逊发"。

2006 年 1 月 21 日俞逊发因病在上海逝世，享年 61 岁。

神 笛——俞逊发

直击成功　　俞逊发先生的笛乐造诣高超，既来自于他儿童时期就对民族乐器的喜爱与痴迷，更来自于他长期的演艺实践经验。他既师从多位笛乐演奏大师，博采众长，又勇于挖掘和开拓新的演奏技巧，善于创新。俞逊发先生的故事告诉我们：音乐离不开创新。因此，人们才称赞他"古有俞伯牙，今有俞逊发"。

03 影响几代人的词作家——管桦

整理：过佳 许亚妮

管桦出生在冀东平原的一个小村庄。管桦少年时，日本侵略者进犯华北，他就和村里的少年儿童一起站岗放哨，给八路军送信。18岁那年，他离开家乡奔赴抗日战场，先是进入华北联合大学文学系学习，做过随军记者，之后被调到冀东军区尖兵剧社从事文艺创作。

24岁时，管桦光荣地加入了中国共产党。之后，他先后与他人合作创作了讽刺剧《蒋敌伪合流》、《国军现形记》，话剧《胜利归来》等，受到解放区群众和部队战士的广泛好评。

《小英雄雨来》是管桦在抗日战争时期创作的一部优秀作品。雨来是抗日战争年代冀东少年儿童的一个缩影，这其中也包括小说作者本人在内。管桦参军以后，童年时代站岗放哨、传送情报的情景常常浮现在他的眼前。于是，他就根据这些经历创作了以雨来为主人公的小说《小英雄雨来》，发表在《晋察冀日报》上。

人物档案

姓　名：管桦，原名鲍化普
生卒日：1922.1.9~2002.8.17
籍　贯：河北省丰润县
身　份：著名作家
重大成就：中篇小说《小英雄雨来》儿童歌曲《听妈妈讲过去的事情》、《我们的田野》

新中国成立后，教育部一位负责语文教科书的编审专程找到管桦，告知他《小英雄雨来》被选进了语文课本。从此，小英雄雨来便成了整整一个时代全国少年儿童心目中的英雄。

新中国成立后，管桦先是在中央音乐学院和中央乐团从事歌词创作，后来被调入北京市作家协会任专业作家。

作为一名作家，管桦十分注意体验生活，掌握第一手情况，积累创作素材。抗美援朝战争时，他积极要求到朝鲜前线访问，回国后与人合作写成《五虎山故事大合唱》。1957年，在亲自访问了包括共产党和原国民党将领在内的许多人物后，管桦创作了反映抗日战争题材和现实农村生活情景的中短篇小说《三只火把》、《葛梅》、《辛俊地》等。

管桦还十分爱好绘画，尤其以画墨竹著称。他的巨幅墨竹画作《沉雄》、《天风海雨》分别被瑞典、丹麦等国家的博物馆收藏。

直击成功　　小英雄雨来的形象之所以能够深入人心，一个重要的原因就是创作者管桦本人就经历过那个年代、做过小英雄雨来做过的事情。正因为如此，管桦十分重视体验生活，这是他能够不断创作出好作品的关键。音乐创作也是同样的道理，欣赏《听妈妈讲过去的事情》、《我们的田野》、《快乐的节日》时，我们是不是能够清晰地感受到作者创作时的心情呢？

04 湖南民歌之父——白诚仁

整理：过佳 金玲

白诚仁五岁时，因为日寇轰炸成都，他们全家逃难去城郊住了整整八年。这期间，大哥请人教他国学，并亲自教他唐诗。大哥的教学方式十分独特，每教一首诗，都要根据诗的意境作一幅画，这为白诚仁后来作曲的形象化打下了深厚的基础。

小时候，白诚仁就表现出了与生俱来的音乐天赋。有一天，他偷偷地拨响了家里一把祖传的七弦古琴，琴弦发出奇妙的声音，让他完全陶醉了。回到成都考入中学以后，他无师自通学会了拉京胡、二胡和小提琴等乐器。上高中期间，他担任学生会文娱部长，组织同学们排演了《白毛女》、《小二黑结婚》、《刘胡兰》等歌剧。

因为迷恋音乐，20岁时，白诚仁不顾大哥和老师的反对，以优异的成绩考入东北鲁艺声乐系。大学期间，埋头苦学民间音乐和各地的民歌民谣。

1955年，23岁的白诚仁提前毕业来到湖南民族歌舞团工作。之后的五年多时

人物档案

姓　名：白诚仁
生　日：1932.5
籍　贯：四川成都
身　份：作曲家
重大成就：长期从事湖南民歌的采集创作工作，代表作《小背篓》、《挑担茶叶上北京》等

间里，他深入少数民族地区采风，足迹遍布三湘四水，到过湖南所有的少数民族地区，向群众学习和收集了上千首民歌小调和音乐素材。五年多的时间，他差不多走了近两万里的山路，常常是饿了就吃两个随身带的煮红薯，渴了就喝几口山泉水。《洞庭鱼米乡》、《挑担茶叶上北京》等名曲都是他在这一时期创作的。

在采风的过程中，少数民族群众的淳朴、善良时时感动着白诚仁。有一次，他在路上遇到了一位背背篓的老大娘。她背的东西很重，白诚仁接过背篓，帮她背过了山。老大娘很感动，不知该怎样来感谢他，白诚仁便请她唱支山歌，老大娘高兴地唱了起来："背了星星背月亮，背了阿公阿婆背太阳，一年四季背着走，大山装进小背篓……"白诚仁将那山歌的旋律牢牢记在心里。20世纪80年代末的一天，当他看到歌词《小背篓》时，如诗如画的湘西生活情景倏然浮现在眼前。于是，他一气呵成创作了《小背篓》的曲子，将湘西的风韵、苗家的淳朴和自己的无尽思念一起融进了婉转悠扬的音乐语言中。

50多年来，白诚仁始终把发掘湖南民族音乐作为自己的神圣使命，创作了近2000首民族音乐作品。值得一提的是，湖南每个少数民族的第一首音乐作品都出自他之手。因而，他也被音乐界称为"湖南民歌之父"。晚年时，针对民歌传承断代的现象，他又提议"还歌于民"的倡议，积极投身于抢救民歌的工作中。

Part 2 音乐

湖南民歌之父——白诚仁

直击成功 对音乐始终如一的热爱，发掘、整理湖南民歌的强烈使命感和责任感是白诚仁在民族音乐创作中不断取得重大成就的巨大动力。他始终怀有以歌报国、造福人民的宏伟志向，坚持把生活作为创作的源泉，真正做到了取歌于民，学歌于民，还歌于民。他的故事告诉我们，艺术的源头在民间，只有学会老百姓的语言，熟悉老百姓的心声，才能创作出老百姓喜爱的歌。

05 音乐诗人——舒曼

整理：过佳 金玲

舒曼出生于德国，父亲是个颇有文化修养的书商，母亲是一位外科医生的女儿。舒曼从小喜爱音乐和文学，7岁时，开始学习钢琴，12岁时就开始尝试创作。但是，他的家人却不愿意他选择音乐作为自己的职业。因此，进入大学时，舒曼不得不选择学习法律，只能用业余时间来学习音乐。20岁时，舒曼立志要当一个钢琴演奏家，并且师从钢琴家维克学习钢琴。在舒曼的坚持和不懈努力下，家人终于同意他专攻音乐。但是，舒曼却又急于求成，想借机械装置锻炼钢琴指法，结果欲速则不达，反倒使自己的手指受了伤，最终失去了成为一名钢琴演奏家的机会。仍然热爱音乐的舒曼开始致力于音乐创作与音乐评论。

为正确地向读者介绍古典音乐，他在莱比锡创办了《新音乐杂志》。《新音乐杂志》态度坚决地反对当时陈腐、保守、庸俗的音乐风气，成为当时德国进步音乐思想的旗帜。之后，舒曼来到维也纳，他十分关心和支持那些当时尚未为人所知的音乐家，如肖邦、柏辽兹、

人物档案

姓　名：罗伯特·舒曼
生卒日：1810.6.8～1856.7.29
国　籍：德国
身　份：著名作曲家、音乐评论家
重大成就：德国浪漫主义音乐的代表

李斯特、勃拉姆斯、瓦格纳等。1838年，维也纳反动当局发现舒曼介绍舒伯特的《C大调交响曲》，就不断地来骚扰他，迫使他无法工作。第二年，舒曼不得不离开维也纳，重回德国莱比锡。

30岁时，舒曼与当时有名的钢琴家克拉拉结婚。这段志同道合的婚姻被人们传为美谈，并促使舒曼的创作热情空前高涨。结婚后的一年间，他共写了138首歌曲，被人们称为"歌曲文萃"。33岁时，舒曼开始在莱比锡音乐学院任教。46岁时因病去世。

舒曼是浪漫主义音乐成熟时期的代表之一，在他的艺术创作中深刻地反映出德国浪漫主义的优点和缺点。舒曼的钢琴作品发展了浪漫主义的钢琴音乐风格，注重表达人和事在心中激起的反响。他还习惯以数首歌曲组成套曲，以浪漫主义诗人的诗作为歌词，注重诗的内在意境。作为音乐评论家，舒曼热情推崇巴赫、贝多芬，称赞肖邦、勃拉姆斯的天才。他的积极评论对浪漫主义音乐的发展也起到了重要的推动作用。

舒曼的代表作品有钢琴曲《蝴蝶》、《狂欢节》、《交响练习曲》、《幻想曲集》，歌曲集《桃金娘》、《诗人之恋》等。

直击成功　　舒曼作为一名音乐家所取得的成就，很大程度上来自于他对自己的兴趣和志向的坚持，以及为此所付出的巨大努力。当然，我们也应从舒曼练习弹奏钢琴急于求成的故事中吸取教训。如果他自己能够亲自弹奏，说不定舒曼还能够取得更加辉煌的音乐成就。

06 《义勇军进行曲》的谱曲者——聂耳

整理：过佳 许亚妮

聂耳原名聂守信，出生于一个贫苦的中医家庭。1927年，15岁的聂耳考入云南省立第一师范学校。在这里，他刻苦学习小提琴，积极参加文艺演出，并开始阅读进步书刊。16岁时，聂耳加入中国共产主义青年团，此后经常参加党领导的革命活动。18岁时，为躲避反动当局的追捕，聂耳来到上海，不久参加反帝大同盟，积极投身中国共产党领导的革命文艺活动。

19岁时，聂耳考入明月歌剧社，正式开始了他的艺术生涯。其后，聂耳结识了共产党员、戏剧家田汉，思想觉悟不断提高。21岁时，聂耳由田汉介绍光荣地加入了中国共产党。从此，聂耳不仅获得了新的政治生命，艺术才华也得到了进一步的发挥，成为中国新音乐的开路先锋和反法西斯的男士。在此后的两年中，聂耳以音乐为武器，先后为歌剧、话剧和电影谱写了《新女性》、《开路先锋》、《大路歌》、《前进歌》、《毕业歌》、《铁蹄下的歌女》等主题歌和插曲30多首，在全国广为传唱，对激发民

人物档案

姓　名：聂耳
生卒日：1912.2~1935.7
籍　贯：云南
身　份：作曲家
重大成就：谱写《义勇军进行曲》等

众的抗日救亡热情起了积极作用。

1935年1月，上海电通影业公司拍摄抗日影片《风云儿女》，田汉为影片写了主题歌词《义勇军进行曲》，23岁的聂耳承担了为之谱曲的任务。他于3月中旬开始创作，几经修改，4月下旬将定稿交给电通影业公司。《义勇军进行曲》就这样诞生了。随着唱片和电影的宣传，上海各个角落都响起了《义勇军进行曲》的歌声。这首歌以其高昂激越、铿锵有力的旋律和鼓舞人心的歌词，反映了在民族危亡时，中华民族万众一心、团结御侮、奋勇抗争、一往无前的伟大的爱国主义精神，激发了中国人民与日本侵略者血战到底的英勇气概。它一诞生，迅即成为中华民族反抗侵略的号角。在抗日战争的烽火中，这首歌传遍大江南北、长城内外，动员和激励无数仁人志士为民族解放事业而斗争。

由于聂耳所谱写的大量歌曲反映了人民的心声，成为鼓舞人民、教育人民、打击敌人的有力武器和战斗号角，因而引起了反动当局对他的仇恨。在取道日本赴苏联的途中，聂耳不幸在日本溺水身亡。

《义勇军进行曲》被确定为中华人民共和国国歌，成为了国家的重要象征。

直击成功　　　贫困的家境和少年时期就开始的革命生涯，使聂耳始终怀有对劳苦大众的深厚感情和对民族危亡的深刻忧患。聂耳把这些感情和忧患意识凝结在他的作品之中，以其高昂激越、铿锵有力的旋律，不断激发中国人民团结抗敌。他是一位把音乐当作武器的坚定的共产主义战士，是中国无产阶级革命音乐的先驱。

07 壮志童心永不泯——张文纲

■整理：过佳 刘爱红

张文纲作曲的《我们的田野》是组歌《夏天旅行之歌》中的第三首。

张文纲不仅是一位作曲家，在战争年代，他还是积极参加抗日救亡、以歌当枪的战士。1936年9月初，在广西北海的一座小城，爆发了震惊中外的"北海事件"：日本间谍侨商中野顺三被我驻军便衣队刺杀。日本6艘军舰开到北海海面进行军事挑衅。我驻军第十九路军拒绝日方登岸，战事一触即发。全市进步学生迅速发动群众，在中山纪念堂召开了"北海各界民众抗日誓师大会"。成千上万市民涌到日本军舰停泊的海边抗议示威，僵持数日，日军才撤离。

18岁的张文纲因积极参加发动群众抗日的活动而被反动当局逮捕了。张文纲被捕，激起群众及社会舆论的强烈抗议，当局被迫释放了这位年轻的学生。张文纲一获释，马上又投入轰轰烈烈的抗日救亡运动。他天天上街教市民唱救亡歌曲，还深入到农村、渔村，宣传和发动群众参加抗日救亡运动。

> 人物
> 档案
>
> 姓　名：张文纲
> 生卒年：1919~1990
> 籍　贯：广东合浦（今属广西）
> 身　份：作曲家
> 重大成就：传唱半个世纪的儿童歌曲《我们的田野》的曲作者

19 岁时，张文纲就加入了中国共产党。

张文纲在斗争中锻炼出从事歌咏活动的能力；又从歌咏中得到了艺术的熏陶，从而对音乐产生了浓厚的兴趣。他说："我学音乐是从唱救亡歌曲开始的。"

20 岁时，张文纲考入重庆"音乐干部训练班"学习作曲理论，结业后又转入重庆国立音乐院作曲系继续深造。边学习边创作，还未毕业，他创作的合唱曲《草原三部曲》已在重庆《音乐月刊》上发表了。一时间，"张文纲"这个名字不胫而走，在重庆艺术界被称为"音乐才子"。

张文纲一生创作的作品有三、四百首（部）之多，其中有大量优秀的群众歌曲和少年儿童歌曲，还有不少电影配乐和小提琴曲、钢琴曲及管弦乐等。1980 年，《我们的田野》获"第二次全国少年儿童文艺创作评奖"一等奖。

壮志童心永不泯——张文纲

直击成功

凭着对音乐的挚爱之情，张文纲经过长期的努力，创作了大量的作品。他怀揣一颗赤诚之心，为祖国和人民无私地奉献青春和热血，最终取得了非凡的成就，使自己成为一名人民音乐家。

08 德高望重的作曲家和音乐家——贺绿汀

整理：过佳 刘爱红

贺绿汀出生于湖南邵阳东乡。20 岁入长沙岳云学校艺术专科学习音乐、绘画，并开始了早期的音乐活动。1931年入上海国立音乐专科学校从黄自学习理论作曲。31 岁时以《牧童短笛》、《摇篮曲》获俄罗斯作曲家兼钢琴家齐尔品举办的"征求中国风格钢琴曲"比赛一等奖和名誉二等奖。《牧童短笛》是我国第一首飞向世界的钢琴作品，至今还在广为流传，从此贺绿汀为乐坛所瞩目。同年进入电影界，为左翼进步影片《船家女》、《十字街头》、《马路天使》，以及话剧《复活》、《武则天》等配乐，创作了《摇船歌》、《春天里》等电影、话剧插曲，以及《心头恨》、《谁说我们年纪小》等歌曲。这一时期的电影歌曲创作显示了贺绿汀在旋律创作上的天赋以及他良好的学院派作曲基础。

"八一三"事变前后，贺绿汀创作了《全面抗战》、《游击队歌》等，特别是《游击队歌》，在敌后根据地和大后方广泛流传。除为影片《中华儿女》、《胜利进行曲》等配乐外，还创作了气势磅

人物档案

姓　名：贺绿汀（原名贺安卿，又名贺抱真、贺揩等）
生卒日：1903.7.1~1999.4.27
籍　贯：湖南邵阳
身　份：音乐家、作曲家
重大成就：钢琴独奏曲《牧童短笛》、歌曲《游击队歌》等

磅礴的合唱《胜利进行曲》（之二），格调清新、富有乡土气息的无伴奏合唱《垦春泥》，戏剧性的朗诵调《嘉陵江上》，民谣风格的抒情曲《阿侬曲》以及笛子独奏曲《幽思》，管弦乐《晚会》等。反映了贺绿汀当时的革命热情与强烈的使命感，也使他成为左翼文化阵营中最具代表性的音乐家。

皖南事变后，贺绿汀前往华东抗日根据地。两年后抵达延安，在鲁迅艺术学院任教，随后又负责筹建中央管弦乐团及华北文工团等。期间他把音乐活动的重点放在培训音乐干部方面。他的创作以解放区军民的生活和斗争、新型的官兵关系为主要内容，追求音乐的通俗性和对歌舞剧形式的探索，并用专业手法对传统民歌进行改编。《前进，人民的解放军》、《露营歌》等战士歌曲以及管弦乐《森吉德玛》都受到战士和群众的欢迎。

中华人民共和国成立后，贺绿汀一直任上海音乐学院院长、中国音乐家协会副主席、上海分会主席等。为办好音乐院校、培养新型的专业人才，他倾注了大量的心血。在繁重的行政工作与社会活动之余，他仍坚持参加了歌剧《长征》的创作，并作有大合唱《十三陵水库》、无伴奏合唱《我们心上开了一朵玫瑰花》、独唱《牧歌》、民歌编曲《绣出山河一片春》、电影歌曲《不渡黄河誓不休》、群众歌曲《英雄的五月》等。

1999 年 4 月 27 日，著名音乐家贺绿汀在上海逝世，享年 96 岁。他给中国人民留下了宝贵的精神财富，他的作品将永远传唱在中华大地上。

直击成功　　贺绿汀在近80年的音乐生涯中，共创作了3部大合唱，24首合唱曲，200 多首歌曲，6首钢琴曲，7首管弦乐曲，25部电影音乐及140余篇论文、译作等，还出版有《贺绿汀音乐论文选集》等。他的成功在于他把自己的音乐活动与人民的革命斗争紧密地结合在一起，在于他的勤奋和对音乐的执著，因此他不愧为中国优秀的人民音乐家。

德高望重的作曲家和音乐家——贺绿汀

09 印象派作曲家的杰出代表——拉威尔

整理：过佳 刘爱红

拉威尔出生于法国，他7岁开始学钢琴，14岁进入巴黎音乐学院学习。拉威尔青年时代在学院环境中就已有追求标新立异的创作构思。拉威尔的早期创作受过德彪西革新思想的强烈影响，他的作品较多地体现了印象派和世纪末的思想，形成了所谓"法国新古典乐派"，并用一些富有独创性的和弦语汇、管弦乐音色、主题和形象以及大胆引进的爵士音乐等，丰富了当时法国的音乐。

30岁时，拉威尔已有不少闻名的作品问世，其中有钢琴曲《为已故小公主而写的帕凡舞曲》、《F大调弦乐四重奏》、《小奏鸣曲》和钢琴套曲《镜子》等。他写出的钢琴曲《水的嬉戏》（或译《喷泉》），无疑是运用印象派钢琴新技术描写"水"的第一首杰作，在现代钢琴音乐史上占有相当重要的地位。此后，拉威尔的著名作品还有管弦乐曲《西班牙狂想曲》、钢琴二重奏《鹅妈妈》、《华贵多情的圆舞曲》和舞剧《达夫尼斯与克洛埃》等。在这一时期，拉威尔基本上顺着他的早期风格发展。他设计出

人物档案

姓　名：莫里斯·拉威尔
生卒日：1875.3.7~1937.12.28
国　籍：法国
身　份：法国著名作曲家，印象派作曲家的最杰出代表之一
重大成就：管弦乐《图画展览会》

的一些和弦语汇在个别作品中显得相当复杂。

《鹅妈妈》组曲，是拉威尔在 1909 年为他的好朋友的哥哥台勃斯基的两个孩子创作的。1911 年，拉威尔把《鹅妈妈》改编为管弦乐组曲，后来又加上了两个乐章，改变了各乐章的次序，并用间奏曲把它们贯串起来，成为舞剧音乐。

《鹅妈妈》组曲有五乐章的布局：帕凡舞、魔园、小拇指、睡公主、美人和野兽。演的是一个小女孩梦中的奇遇，每一乐章都是以她为主角。我们教材中的《鹅妈妈》组曲选择了两个乐章，即《小拇指的故事》、《瓷偶女皇》。

拉威尔还是一位著名的教师，20 世纪 30 年代初，拉威尔就为严重的脑肿瘤所累，几乎无法创作。在他生命的最后时刻，还为影片《唐·吉诃德》写过三首歌曲。1937 年 12 月 28 日拉威尔在巴黎辞世。

印象派作曲家的杰出代表——拉威尔

直击成功　　拉威尔最重要的创作特征是对技术尽善尽美的追求。尽管他技术高超，但对待每一部作品仍然是反复推敲、精心雕琢，不到极端完美决不罢休，因此他的作品才备受欢迎。斯特拉文斯基曾戏谑地称他是位"精巧的瑞士钟表匠"。

10 用心浇灌祖国花朵的女作曲家——李群

整理：过佳 刘爱红

"小鸟在前面带路，风儿吹向我们……"你知道这是谁写的儿童歌曲吗？它就是我国著名的女作曲家李群为孩子们写的《快乐的节日》。李群还写了很多优秀的儿童歌曲，如《我们要做雷锋式的好少年》《咱们从小讲礼貌》等。

在战争年代，李群离开家，来到延安。经过考试，进入延安鲁迅艺术学院学习音乐。当时，她是班上年龄最小的学生。她对延安的生活是那样的热爱，她参加群众歌咏活动，参加秧歌运动，参加"生产大合唱"的演出，还下部队、下工厂教群众唱歌。在鲁艺学习的时候，她开始学习谱写儿童歌曲。她觉得自己又回到了童年时代，想起了在北京的那些夜晚，妈妈常为哥哥、姐姐和她朗读冰心的《寄小读者》、安徒生的《卖火柴的小女孩》。但是，今天延安的生活更有趣，她体验到了这里少年儿童幸福的生活，亲眼看到延安的孩子是怎样自由健康地成长。也许是因为李群那时候还是个少女，因而对孩子的思想感情体验得很真切，所以当她把自己写的儿童歌

人物档案

姓　名：李群
生卒日：1925.6.8~2003.12.11
籍　贯：河北磁县人
身　份：作曲家
重大成就：创作《快乐的节日》、《李群歌曲选集》

曲交给冼星海时，冼星海总是一面帮她修改，一面连连说道："写吧，写吧，你一定能写好儿童歌曲，一定能写好！"他望着站在面前的这个羞涩的小姑娘，以加重的语气对她说："你写吧，写够五十首儿童歌曲，我给你发一枚奖章。"

李群受到了莫大的鼓舞，她写得更勤奋了，冼星海还经常帮她修改，指导她的创作。1940年，冼星海要去苏联了，临行前，在一次座谈会上，冼星海又谈起李群的儿童歌曲创作。他又一次叮嘱李群："你可以写儿童歌曲，你一定可以写好！"这就是冼星海的临别赠言。

在李群的创作生涯中，每当她拿起笔为孩子们写作时，她就想起冼星海那慈爱的微笑和真诚的叮嘱。李群倾注了大量心血，用美好的音乐哺育了一代又一代少年儿童的心灵。

用心浇灌祖国花朵的女作曲家——李群

直击成功　　冼星海的激励是李群创作的动力，她对孩子们的真切的思想感情体验是她创作的源泉，因此才写出这么多深受广大少年儿童喜爱的音乐作品，成为著名的作曲家。

11 喜欢为儿童创作的音乐家——普罗科菲耶夫

整理：过佳 金玲

普罗科菲耶夫是俄罗斯音乐史上的超级神童。普罗科菲耶夫生于乌克兰，父亲是管理地主庄园的农艺家，母亲擅长钢琴，是他的音乐启蒙老师。4岁时起，他就跟着母亲学习钢琴，5岁就写出了第一首钢琴独奏曲，6岁就已经能够正确记谱，9岁时，自编脚本写出了歌剧《巨人》。他的父母发现了他在音乐上过人的天赋后，就请当时的一位音乐家来辅导这位小神童。从此，他走上了专业音乐创作的道路。

14岁时，普罗科菲耶夫考入彼得堡音乐学院，并在这里学习作曲和钢琴。在校十年间，他与同窗米亚斯科夫斯基成为知心朋友，后者对他的创作风格产生了很大的影响。大学期间，他创作并演奏的《第一钢琴协奏曲》获得了鲁宾斯坦奖。

普罗科菲耶夫大学毕业后，正值俄国十月革命。这期间，他先后到英国、意大利、美国、德国、法国等国家游学，前后在国外生活了

人物档案

姓　名：谢尔盖·谢尔盖维奇·普罗科菲耶夫
生卒日：1891.4.23～1953.3.5
国　籍：前苏联
身　份：作曲家、钢琴家和指挥家
重大成就：代表作《彼得与狼》、《罗密欧与朱丽叶》，一直被古典乐坛奉为先锋派

十多年。这期间，他在生活上和创作上都不是很如意，有时甚至陷入困境。他的作品不被国外的音乐家和观众所接受，许多小提琴家甚至拒绝独奏他的作品。

从1927年起，普罗科菲耶夫多次回国举办音乐会，获得极大成功。之后，他又在世界各地举办了多次演奏会。1934年，43岁的普罗科菲耶夫回归祖国之后，迎来了创作的新高峰，写出了交响童话《彼得与狼》、舞剧《罗密欧与朱丽叶》、大合唱《亚历山大·涅夫斯基》、《第五交响曲》、《第七交响曲》、歌剧《战争与和平》等许多雅俗共赏、别具一格的名作。这些作品具有独特的风格和自成体系的表现手法，民族色彩鲜明，音乐表现力格外叩动人心。

普罗科菲耶夫十分喜欢为少年儿童创作，其中，最著名的就是《彼得与狼》。这部交响童话完成于1936年春天，并在莫斯科的一次儿童音乐会上首次演出。作品表现了儿童彼得以勇敢和机智战胜凶恶的狼的故事。音乐用长笛、双簧管、单簧管、大管、弦乐四重奏、定音鼓和大鼓所奏出的具有特性的短小旋律和音响，分别代表小鸟、鸭子、猫、爷爷、少先队员彼得和猎人的射击声等，形式新颖活泼，旋律通俗易懂。全曲既有贯穿的情节，又富有艺术魅力；既生动活泼，又富有教育意义。

普罗科菲耶夫还为少年儿童创作了歌剧《塔拉斯一家》、《姐妹们》，合唱曲《伟大的祖国》，钢琴组曲《少先队生活》等，这些作品中所表现出来的幽默、天真深深地吸引了无数的小音乐迷。

直击成功 普罗科菲耶夫的故事启示我们，成功的艺术创作既来源于天赋、勤奋和个性，也来源于民族精神。在创作的过程中，只有始终接触生活，才会从中源源不断地获取灵感。正如他自己所说："我的两耳必须听到俄罗斯语言，我必须同我的血肉同胞说话，只有他们才能使我重新得到这里（国外）得不到的东西。"

喜欢为儿童创作的音乐家——普罗科菲耶夫

12 词坛泰斗——乔羽

整理：过佳 金玲

　　乔羽是我国著名词作家，中国第一届"金唱片奖"获得者，有"词坛泰斗"之称。

　　1927年生，山东济宁人，原名乔庆宝。乔羽1946年毕业于晋冀鲁豫边区北方大学（人民大学前身）中文系。大学毕业后，他一直从事专业创作，创作的领域涉及歌剧、话剧、歌词等。他创作的歌剧剧本《果园姐妹》获得儿童文学奖，创作的剧本《刘三姐》、《红孩子》后来被拍成电影。他还先后为近百部影视作品写了歌词，并且创作了一大批令人耳熟能详的优秀歌词，如《人说山西好风光》、《让我们荡起双桨》、《难忘今宵》、《爱我中华》、《最美不过夕阳红》、《我的祖国》、《牡丹之歌》、《思念》、《说聊斋》、《巫山神女》、《祖国颂》等。虽然每首歌词不过几百字，但其中平实质朴、美好真淳的风格，牢牢抓住了亿万中国听众的心，成为人们传唱的经典之作，经久不衰。

　　说起歌曲《难忘今宵》的创作，还颇具戏剧性。当时是在1984年中央电视台

人物
档案

姓　　名：乔羽
生　　日：1927.11.16
籍　　贯：山东济宁
身　　份：著名词作家
重大成就：创作《难忘今宵》等著名歌曲

春节晚会的排练场上，总导演黄一鹤感觉整台晚会缺少一首主题曲。于是他立刻给乔羽打电话，请他写一首能配合整台春节晚会主题的歌曲。乔羽问他歌曲的内容和主题，结果都不得要领。乔羽没有办法，只好说："好，让我想一想，过几天再来吧。"可是编导却告诉他马上就得要。乔羽问："你说的这个'马上'是个什么概念啊？"编导回答："就是我在这里等着，您现在就写，写完了我马上拿走。"乔羽大吃一惊，坚决不肯答应，可是禁不住编导的软磨硬泡，最后只好妥协："我先把手头的活赶完，你明天早晨5点钟以后再来，我把歌词给你。"这样才把那位编导打发走了。

第二天凌晨4点多，乔羽把原来正在创作的一首歌词完成后，看看表才发现自己给创作春节晚会这首歌词留的时间太少了。想到人家5点钟以后要来，只好硬着头皮写了。乔羽静下心来想，既然是除夕之夜，那么团聚、祥和、祝福就是主要氛围……于是，乔羽从"难忘今宵"开始，让感情自然流露，信手挥洒，一气呵成，短短几分钟，写出了这首传唱至今的春节晚会终曲——《难忘今宵》。当时，乔羽自己也并未想到这样草就的一首歌词，竟能打动亿万观众的心，并连续十几年成为春节晚会的保留曲目。

直击成功 《难忘今宵》歌词的创作，看似随意草就，实际上却凝结着乔羽先生深厚的创作功底、长期的创作实践经验和对祖国对人民的深情厚谊。《难忘今宵》歌词的成功创作告诉我们，只要平日肯付出，时间紧迫的时候也能够创造出令人自豪的成绩。

词坛泰斗——乔羽

13 乐坛上的常青树和多面手——亨德尔

整理：过佳 刘爱红

亨德尔出生在德国中部的哈雷镇，后来定居并入籍英国。亨德尔从小不顾父亲的反对，偷偷地练习弹古钢琴，在这样的逆境中度过了他的童年。

当地的萨克森·魏森斯菲尔大公偶然发现了小亨德尔练琴并深深地被他的毅力和天分所感动，于是出面说服了老亨德尔同意他天才的儿子学音乐。亨德尔学习了键盘乐器和作曲，也学会了演奏双簧管和小提琴。凭着过人的天资和名师的指教，小亨德尔进步飞快。

老亨德尔去世时，念念不忘要让儿子做一个律师而不要去搞音乐。亨德尔并没有因此放弃他的艺术追求。1703 年，亨德尔正式开始了他的音乐生涯，只身远行到汉堡，在歌剧院里当了一个小提琴手。亨德尔的才华不久就引起了一些艺术赞助人的注意，但抱负远大的亨德尔婉言谢绝了这些赞助，他要凭自己的努力挣足学费去留学，而不是把自己的前途卖给别人。

1705 年，亨德尔创作的歌剧《阿尔米拉》成功上演，

人物档案

姓　　名：乔治·弗里德里希·亨德尔
生卒日：1685.2.23~1759.4.14
国　　籍：英国
身　　份：作曲家
重大成就：管弦乐曲《皇家水上音乐》、《皇家焰火音乐》，清唱剧《弥赛亚》等

使他得以踏上留学的旅程。亨德尔在意大利学习了三年歌剧艺术，当时歌剧艺术在英国更受欢迎。学成后的亨德尔看准了这个机遇，渡海去了英国。他的到来给沉闷的英国歌剧界带来了一缕清风，他的歌剧《里纳尔多》在伦敦大获成功，1713 年他以一首《女王生日颂歌》博得了安妮女王的赏识，于是亨德尔索性就不回德国了。

亨德尔创作了大量的声乐和器乐作品，特别是歌剧，这为他在全欧洲赢得了巨大的声誉。他也是举世公认的管风琴大师，在当时也只有巴赫才可与他匹敌。但从 18 世纪 20 年代后期开始，原来盛行的意大利语歌剧在英国开始衰落，靠意大利正歌剧起家的亨德尔的地位受到了前所未有的冲击。他的几部歌剧上演相继遭到失败，最终他经营的歌剧院被迫关闭。内外交困的亨德尔中风偏瘫，人们以为他的音乐生涯从此结束了。

就在这种绝境中，亨德尔奇迹般地站起来了，他把精力转向了清唱剧的创作。1742 年，他在一种不可思议的热情驱动下，仅用 24 天就完成了清唱剧《弥赛亚》的创作。同年，这部作品在爱尔兰首府都柏林低调上演，一举成名。次年在伦敦上演时英王乔治二世亲临剧院，当终乐章《哈里路亚》奏响时，国王按捺不住心中的激动，站起来听完了全曲（《哈里路亚》要站着听作为一条不成文的规定一直延续到今天）。为了维护《弥赛亚》的地位不因过多的演奏而受损，英王下令每年只在春天演奏一次，且只有亨德尔本人才有资格指挥。

1759 年春，74 岁的大师照例指挥了演出，在暴风雨般的掌声中，老人倒下了。几天以后，这位乐坛上的巨星病逝了，享年 74 岁。

直击成功　　亨德尔一生经历坎坷，不顾父亲的反对，克服病痛的折磨，凭着学习音乐的毅力、天分和对音乐的追求，一生近 60 年的音乐生涯中，在德、英、意三国乃至全欧洲都获得了巨大的声誉。他的作品熔德国严谨的对位法、意大利的独唱艺术和英国的合唱传统于一炉，成为世界音乐史上的瑰宝。

乐坛上的常青树和多面手——亨德尔

14 奇 人——李叔同

整理：过佳 刘爱红

李叔同又名李岸、李良，字息霜，别号漱筒，生于天津。他是中国话剧的开拓者之一，在音乐、书法、绘画和戏剧方面，都颇有造诣。从日本留学归国后，担任过教师、编辑之职，后剃度为僧，法名演音，号弘一，晚号晚晴老人。

在中国近百年文化发展史中，弘一大师李叔同是学术界公认的通才和奇才，作为中国新文化运动的先驱者，他最早将西方油画、钢琴、话剧等引入国内，且以擅书法、工诗词、通丹青、达音律、精金石、善演艺而驰名于世。

在音乐领域，李叔同是中国"学堂乐歌"最为杰出的作者，较早地注意将民族传统文化遗产作为学堂乐歌的题材，对中国早期的艺术教育具有启蒙意义。他于1905年编印出版的供学校教学用的《国学唱歌集》，即从《诗经》、《楚辞》和古诗词中选出13篇，配以西洋和日本音乐的曲调，连同两首昆曲的译谱合集而成。其中的《祖国歌》还是当时为数较少、以中国民间曲调来填词的一首学堂乐歌，激发了学生的爱国热情。李叔

姓　名：李叔同
生卒日：1880.10.23~1942.10.13
籍　贯：浙江平湖
身　份：音乐家、戏剧活动家等
重大成就：代表作《送别》、《西湖》、《春景》、《春游》等

同曾创办我国第一部音乐刊物《音乐小杂志》，竭力提倡音乐"琢磨道德，促社会之健全，陶冶性情，感精神之粹美"的社会教育功能，同时发表了《我的国》、《隋堤柳》等忧国忧民的乐歌。

李叔同一生留存的乐歌作品约70余首。编作的乐歌继承了中国古典诗词的优良传统，填配的文辞隽永秀丽，声辙抑扬顿挫，意境深远而富于韵味，曲调优美动人，词曲的结合贴切顺达、相得益彰，达到了很高的艺术水平。因此，他的乐歌作品像《送别》、《忆儿时》、《梦》、《西湖》等，广为青年学生和知识分子喜爱。特别是《送别》，先后被电影《早春二月》、《城南旧事》成功地选作插曲或主题歌。

1918年李叔同在杭州虎跑寺剃度为僧，云游温州、新城贝山、普陀、厦门、泉州、漳州等地讲律，并从事佛学南山律的撰著。抗日战争爆发后，李叔同多次提出"念佛不忘救国、救国必须念佛"的口号，说"吾人所吃的是中华之粟，所饮的是温陵之水，身为佛子，于此之时不能共纾困难于万一"等语，表现了深深的爱国情怀。

李叔同一生经历了三个过程：认识自我，超越自我，完善自我。他给后世留下的诗文、艺术、思想和佛典，就如蓝田之玉和苎罗之纱，越是经过时间的磨砺越坚实，越是经过污水的冲刷越洁白。

直击成功

虽然李叔同与弘一法师，是两个完全不同的形象，但两个形象并不是截然断开的。李叔同值得我们尊敬和学习的，是他的多才多艺和认真的精神。他追求人生的圆满境界和对社会的责任感，因此名垂青史。

15 西方音乐之父——巴赫

■ 整理：过佳 刘爱红

巴赫出生于德国图林根州的一个美丽的小镇——爱森纳赫。他9岁丧母，10岁成了孤儿。虽然终身未出国门，但却是将西欧不同民族的音乐风格融为一体的开山大师。他萃集意大利、法国和德国传统音乐中的精华，曲尽其妙，对后来将近三百年整个德国音乐文化乃至世界音乐文化产生了深远的影响。

巴赫是一位多产的作曲家。他的作品包括近300首大合唱曲；组成《平均律钢琴曲集》的一套48首赋格曲和前奏曲；至少还有140首其他前奏曲；100多首其他大键琴乐曲；23首小协奏曲；4首序曲；33首奏鸣曲；5首弥撒曲；3首圣乐曲及许多其他乐曲。总计起来，巴赫谱写出800多首乐曲。

巴赫的作品深沉、悲壮、广阔、内敛，充满了18世纪上半叶德国现实生活的气息。他谱写了许多充满戏剧性因素的大型声乐作品，其中《马太受难曲》、《B小调弥撒》是最有影响的作品。

人物档案

姓　　名：约翰·塞巴斯蒂安·巴赫
生卒日：1685.3.21~1750.7 .28
国　　籍：德国
身　　份：管风琴演奏家、作曲家
重大成就：代表作《创意曲集》、《平均律钢琴曲集》、《勃兰登堡协奏曲》、《B小调弥撒》以及大量的教堂音乐和器乐曲。

在这些作品中，巴赫作为一个虔诚的新教教徒，通过宗教音乐形式（受难曲、弥撒、经文歌、康塔塔等），抒发了对人类灾难、痛苦的怜悯、同情以及对和平与幸福的渴望。与前人的作品相比，巴赫这种充满宗教内容及复调音乐思维的作品更为广阔地揭示了人的内心世界，但同时，他的音乐从来没有脱离德国的音乐传统。《平均律钢琴曲集》是巴赫在"纯音乐"领域留下的重要遗产之一。作为一部具有德意志精神的作品，《平均律钢琴曲集》体现了严谨的德国式思维。另外，巴赫的《法国组曲》、《英国组曲》和6首《勃兰登堡协奏曲》等乐队作品，也都表达了作曲家对和平和美好生活的祈求与渴望。这些作品在德意志民族人民的内心深处激起了强烈的共鸣。

巴赫一生的主要功绩：第一，把音乐从宗教附属品的位置上解放出来，使之平民化。音乐不总是歌颂上帝，也歌唱平凡的生命。第二，他把复调音乐发展成主调音乐，大大丰富了音乐的表现力。第三，他确立了键盘乐器十二平均律原则。第四，除了声乐作品外，巴赫奠定了现代西洋音乐几乎所有作品样式的体例基础。

西方音乐之父——巴赫

16 现代专业音乐的奠基人——萧友梅

整理：过佳 刘爱红

萧友梅字雪朋，号思鹤。童年随父亲寓居澳门。1901年，17岁的萧友梅赴日本留学，在东京音乐学校学习钢琴与声乐，并在帝国大学学习教育。1913年又到德国莱比锡音乐学院和莱比锡大学学习，取得博士学位后于1920年回国。

在日本时，萧友梅曾参加同盟会，掩护过孙中山先生的革命活动。1920年回国后，先后在北京女子高等师范学校音乐体育专科、北京大学音乐传习所和北京艺术专门学校音乐系任教，并担任领导工作。在蔡元培的支持下，1927年在上海创办了国立音乐院，这是中国第一所专业音乐院校，为培养专业音乐人才奠定了基础。

萧友梅还致力于编写音乐教材，著有1924年的《风琴教科书》、1925年的《钢琴教科书》、1927年的《小提琴教科书》等，著有《中西音乐的比较研究》、《古今中西音乐概说》和《中国历代音乐概略》等学术论著，还组织了我国第一支管弦乐队，自任指挥。

人物档案

姓　名：萧友梅
生卒日：1884.1.7~1940.12.31
籍　贯：广东香山
身　份：音乐教育家、作曲家
重大成就：代表作《五四纪念爱国歌》、《问》等

萧友梅的作品主要写于20世纪20年代，有一百余首歌曲和其他体裁的作品。《今乐初集》和《新歌初集》是中国最早的两本作曲家个人的创作专辑。《今乐初集》中的艺术歌曲《问》曾在学生和知识分子中广泛流传。此外，《南飞之雁语》、《女子体育》、《落叶》、《踏歌》等歌曲都在当时产生了一定的影响。他还创作了一些有影响的爱国歌曲，如《五四纪念爱国歌》、《国耻》、《国民革命歌》等。1928年以后，创作了《毛毛雨》、《栎江花》等作品。抗战时期，萧友梅在全国人民爱国热情的激发下，谱写了《向前进攻》等抗日歌曲。

萧友梅毕生从事高等音乐教育，他在中国现代音乐史上留下了许多"第一"的纪录，是中国现代音乐事业的拓荒者，是中国专业音乐教育的奠基者，还是专业音乐创作的先行者和音乐理论研究的探索者。萧友梅为中国音乐文化的建设与发展，作出了不可磨灭的历史性贡献，在中国音乐史上享有崇高的地位。

现代专业音乐的奠基人——萧友梅

直击成功　　萧友梅凭着不懈的努力及对中国音乐教育事业的执著追求，编写了一大批音乐教材、论著，并创作了多种体裁的富有时代气息的音乐作品，为中国20世纪专业音乐教育的发展奠定了坚实的基础。

17 少年宫里成长起来的音乐家——刘锡津

整理：过佳 金玲

刘锡津从小就喜欢唱歌。9岁时的一天，小学音乐老师单独找到刘锡津，跟他说："市少年宫招合唱队员，你愿不愿意参加？"虽然小刘锡津当时还没有弄清楚"少年宫"是怎么一回事，但是，能走出学校见世面，特别是还能唱歌，那诱惑力简直太大了，于是他就参加了考试。就这样，他成了少年宫少年合唱团的一员，开始了他的音乐生涯。

11岁那年，少年合唱团团员刘锡津写出了他平生第一首作品——独奏曲《雪花飘》。这首乐曲虽然简单幼稚，却十分有生气。13岁那一年，他和另外两个小朋友组成手风琴三重奏组合，在第一届"哈尔滨之夏音乐会"开幕式上演奏了《小苹果》、《花儿与少年》，引起了哈尔滨音乐界和广大市民的关注。由此，刘锡津这个刚上小学五年级、还戴着红领巾的少年，被哈尔滨歌舞剧院歌剧团吸收为学员，走上了专业音乐道路。

刘锡津在他的音乐生涯中，创作了大量的音乐作品，

人物档案

姓　名：刘锡津
生　日：1948.1
籍　贯：黑龙江哈尔滨
身　份：著名作曲家
重大成就：《我爱你，塞北的雪》的曲作者

有声乐作品、器乐作品、舞剧、音乐剧等，还为数百部（集）电影、电视剧作曲。他的许多作品体现了浓郁的东北风情和地域特点，曲调优美，脍炙人口，被人们广为传唱。

在刘锡津的代表作品中，最著名的要属《我爱你，塞北的雪》。这首歌当年一度成为了黑龙江省的代名词。创作这首歌的时候，刘锡津 32 岁。当年，他一看到词作家王德创作的《我爱你，塞北的雪》时，就觉得这首词很准确地描绘了雪的那种感觉，意境优美，语言也很朴实，没有任何关于爱国和爱家乡的说教，可是却通过优美的自然风光描写，让人们联想到土地和家乡的可爱。于是，他拿着歌词到了琴房，他只用了半个多小时的时间，就把曲子写完了。

这首歌一经发表，就得到了听众的共鸣，许多知名的艺术家纷纷在各种场合演唱这首歌。一些华人华侨在演唱这首歌时，常常会热泪盈眶。他们说，这首歌让他们想起了家乡，想起了亲人，想起了祖国。

《我爱你，塞北的雪》不仅是哈尔滨这座城市的文化财产，也是刘锡津个人的精神自传。刘锡津在他的《我爱你，塞北的雪》声乐作品集的封底上，写上这样一段话："我是这样深爱着养育我的黑土地，我把这些声音留在黑土地上，让旋律响在人们的心中……"

直击
成功

音乐不仅仅需要天分，更需要感情的真挚投入。歌曲不仅是创作者写给听众的，更是创作者自己的灵魂自传。只有深入灵魂的创作，才会打动别人。刘锡津正是抱着对神奇的关东大地的独特感知，才在他的作品中完美地表达了一片赤子深情。这就是他的作品能够征服听众的原因。

18 从红色少年成长起来的作曲家——刘炽

■整理：过佳 金玲

　　刘炽原名刘德荫。他幼年就随民间艺人学习鼓乐。9岁时，被送到三仙庙打扫佛堂，并学习读谱，吹笙、笛，敲云锣，成了一名优秀的小演奏员。童年的这些经历给他以后的音乐创作打下了坚实的基础。

　　1936年，15岁的刘炽参加了工农红军。最初，他被送进红军大学当学员，不久又到红军人民剧社当小演员。在这里，刘炽展现了他的艺术才能，崭露头角。美国记者斯诺夫人1937年访问延安时，很快被这位红色少年吸引。斯诺夫人用影像和文字多次记录了这位红色少年，并且在她的著作里称赞刘炽是"夏天的小爱人"、"陕北'现代化'真正的先驱"、"已有主角倾向的少年天才"。1939年，18岁的刘炽光荣地加入中国共产党，之后又考入延安鲁迅艺术学院第三期音乐系，师从音乐家冼星海学习作曲和指挥。这一年，年轻的刘炽发表了他的处女作《陕北情歌》，正式开始了他的音

人物档案

姓　名：刘炽
生卒日：1921.3.10~1998.10.23
籍　贯：陕西西安
身　份：著名作曲家
重大成就：我国当代最具代表性的作曲家之一，《让我们荡起双桨》的曲作者

乐创作生涯。

　　毕业后，刘炽进入音乐研究室当研究生兼助教。解放战争时期，刘炽被派到东北，开展了许多音乐活动，创办了音乐学校、星海合唱团，为即将诞生的新中国培养了大批音乐工作者。在这期间，他还指挥了关外第一场黄河大合唱，开创了电台教唱革命歌曲的先例。

　　刘炽创作了 70 余部大型作品，中小型作品近千首，著述了多篇论文，约合 15 万字，出版了 14 本作品集。代表作有歌剧《阿诗玛》，大合唱《祖国颂》，歌曲《我的祖国》（电影《上甘岭》插曲）、《英雄赞歌》（电影《英雄儿女》插曲）、《让我们荡起双桨》（电影《祖国的花朵》插曲），舞蹈音乐《荷花舞》等。他作品的数量之多、质量之高、流传之久在当代音乐家中是非常罕见的。

从红色少年成长起来的作曲家——刘炽

直击成功　　刘炽的作品旋律动人，情感真挚，富于革命浪漫主义情怀，并且充满了民族色彩和自己的独特风格。他的作品之所以能够达到这样的境界，与他年少时接触民族音乐和用音乐去战斗的经历是分不开的。

19 古典音乐家——海顿

整理：过佳 乔义红

海顿生于奥地利南方靠近匈牙利边境的一个村镇——罗劳。他家境贫寒，为了学习，6岁就离开了父母到维也纳，8岁被选为教会儿童合唱团的团员。长大后，由于变声，他被合唱团赶了出来，从此流落街头，尝尽了世间的艰难困苦。

虽然生活困窘，但海顿热爱音乐的信念从未动摇。他努力自学音乐，最终得到了匈牙利贵族保尔·艾斯特哈齐的帮助，成为这位侯爵的宫廷乐师。此后，海顿生活安定，直到晚年，他的大部分佳作就是在这期间完成的。

海顿的创作生涯很长，一生写下了100多首交响乐、80多首弦乐四重奏及为数众多的其他作品。作品中展现出他对古典交响乐和四重奏形式的探索。

海顿的音乐大都以日常生活为题材，他长于表现人类朴实明朗的感情和乐观的信念，并将粗犷质朴的民间舞曲自如地引入高级的交响曲中，这使他成为维也纳古典乐派的奠基人。后人将他

人物档案

姓　　名：弗朗茨·约瑟夫·海顿
生卒日：1732.3.31~1809.5.31
国　　籍：奥地利
身　　份：音乐家、作曲家
重大成就："维也纳古典乐派"的杰出代表，18世纪欧洲最著名的音乐家之一，是世人公认的"交响乐之父"和"弦乐四重奏奠基人"

的许多作品加上了形象的标题，如交响曲《熊》、《时钟》、《鼓声》、《告别》，四重奏《云雀》、《梦境》、《涉猎》、《皇帝》等。这是由于这些作品的音乐语言平易亲切从而引起了人们的共鸣与联想，也是人们对海顿乐观精神的一种永久性的纪念。

与海顿同时代的作曲家莫扎特对海顿后期的音乐风格产生了有力影响。1781年前后，奥地利著名作曲家莫扎特来到了维也纳。在维也纳，52岁的海顿第一次与只有29岁的莫扎特相识，两人一见如故。年轻的莫扎特对海顿十分崇敬，自认是海顿的学生，并把自己创作的最精彩的6首弦乐四重奏曲献给了海顿。年长的海顿则真诚地倾慕这位萨尔斯堡"音乐神童"的非凡才气。从此，两人建立起终生友情。

海顿一生经历坎坷，生活道路曲折。但是，在漫长的人生岁月中，他却用淳朴、善良和慈爱的心，将毕生的才华和精力都奉献给了他所热爱的国家和人民，并忠贞不渝地为他们寻找着欢乐和慰藉。

古典音乐家——海顿

直击成功　　海顿的音乐之所以具有不朽的价值，是因为它面向现实，面向人生，气息清新，朝气蓬勃。虽然海顿生活困窘，但他热爱音乐的信念从未动摇，他努力自学音乐，在作曲技术上为欧洲古典交响曲和室内乐规范的确立奠定了基础，从而形成了德奥音乐经久不衰的优良传统。

20 热爱音乐教育的音乐家——黄自

整理：过佳 乔义红

黄自出身于书香门第，自幼受到良好的教育，幼年的他，更是对唱歌充满了浓厚的兴趣。1916年，12岁的黄自小学毕业，入北京清华学校（留美预备学校）读书，在那里开始接触西方音乐。他不光参加了学校的童子军笛鼓队，在管乐队中吹单簧管，还在合唱队中唱男高音，并在17岁时学习钢琴，18岁开始学习和声。在清华学校学习的8年，对西方音乐的接触和学习，令黄自眼界大开。也是在那时，他年轻的心中便选定音乐作为他的终生志向了。

20岁时黄自赴美国欧柏林大学学习心理学，后入该校音乐学院学习作曲，1928年入耶鲁大学音乐学院学习作曲，1929年毕业，获得音乐学士学位。毕业作品管弦乐序曲《怀旧》曾在学院演出，这是中国作曲家创作的第一部交响音乐作品。

1929年黄自回国后，相继任教于沪江大学、上海国立音乐专科学校。在担负了繁重的教学任务和行政工作之余，黄自还从事音乐创作和音乐理论的著述。他对中小学音乐教育也表现出了极

人物档案

姓　名：黄自
生卒日：1904.3.23~1938.5.9
籍　贯：江苏川沙（今属上海市）
身　份：作曲家、音乐教育家
重大成就：歌曲《思乡》、合唱《抗敌歌》、《长恨歌》（清唱剧）被评为20世纪华人音乐经典

大的热忱，曾受聘为"国民政府教育部音乐教育委员会"及"中小学音乐教材编订委员会"委员，积极参与全国中小学音乐教材的编审工作。他主持并实际参与编写了《复兴初级中学音乐教材》（共6册）。作为音乐教育家，培养了包括贺绿汀、陈田鹤、江定仙、刘雪庵、谭小麟等在内的第一批专业音乐人才。

1931年起，黄自创作了多首抗战歌曲。如"九一八"事变后，他创作了中国最早以抗日救亡为题材的合唱作品《抗敌歌》，音乐雄壮有力，充满"大众合力将国保"的爱国主义激情；1932年创作了《旗正飘飘》、《民谣》、《切记分明》、《九一八》、《军歌》、《睡狮》和《北望》等；抗战全面爆发后，创作了《热血歌》。从《抗敌歌》到《热血歌》，生动地体现了爱国主义音乐家黄自的创作与祖国、民族生死存亡的命运休戚与共、息息相关。

1935年10月，黄自为进步影片《都市风光》创作了片头音乐《都市风光幻想曲》，这是中国作曲家首次为影片谱写片头音乐，堪称中国电影音乐的里程碑。

黄自倡导音乐创作走民族乐派的道路，积极探索音乐的民族风格。他的音乐创作以声乐为主，作曲技法娴熟，表现情感细腻，具有很高的艺术性。代表作品还有清唱剧《长恨歌》、歌曲《点绛唇》、《南乡子》、《玫瑰三愿》等。

黄自是中国20世纪30年代重要的作曲家、音乐教育家，是中国早期音乐教育界影响最大的奠基人。

直击成功　黄自一生刻苦奋斗，具有广博的学识，强烈的民族自尊心，为人师表的高尚情操，认真负责、循循善诱的教学精神和高度的责任感……用钱仁康先生的一句话说："黄自，本世纪华人音乐创作史上的一代宗师。"

21 中国现代民族音乐的一代宗师——刘天华

■ 整理：过佳 乔义红

刘天华出生在一个知识分子家庭，父亲刘宝珊重视教育，在家乡曾与人合办过一所小学。刘天华14岁考入常州中学，业余时间参加学校军乐队，学吹号及军笛。1911年辛亥革命爆发，刘天华回到江阴参加"反满青年团"军乐队。1915年父亲逝世，他在失业、患病的情况下，仍自学二胡，处女作二胡曲《病中吟》便是此时创作的。第二年刘天华被江苏省立五中聘为音乐教员，并在该校组织了丝竹部和军乐部两支乐队。在这期间，他专心于向江南民间音乐家周少梅学习二胡，向沈肇洲学习崇明派琵琶，甚至利用暑期跑到河南向高人学习古琴，沿途还一路寻访民间艺人，采集各处民间音乐。

刘天华17岁时，考进了上海开明剧社的乐队，1914年，开明剧社解散，他回到江阴、常州的中小学担任音乐教师，开始了音乐教学生涯。自1922年起，刘天华先后任教于北京大学音乐传习所、北京女子高等师范音乐科和北京艺术专门学校。在任教期间，他还跟随俄籍教授托诺夫学习小提

人物档案

姓　名：刘天华
生卒日：1895.2.4~1932.6.8
籍　贯：江苏江阴
身　份：作曲家、演奏家、音乐教育家
重大成就：代表作《光明行》、《空山鸟语》等

琴，同时悉心钻研西洋音乐理论。另外，他常将街头卖唱艺人请入家中记录他们演唱、演奏的曲谱并给予报酬，留下《佛曲谱》和《安次县吵子会乐谱》两部遗稿。

刘天华希望音乐能够普及于大众并提升水平，他曾计划国乐的义务教育，还筹办暑期音乐学校，对有兴趣学习音乐的普通人，也不计代价给予指导。

和当时许多人对音乐的看法一样，刘天华也主张音乐要能激励人心，以振兴国家民族，他希望一种"能唤醒一民族灵魂的音乐"，如他所作的《光明行》这首胡琴曲便有这种激励人心的作用。

在各类中国音乐之中，对刘天华影响最大的，莫过于二胡音乐。在传统中国，二胡仅是民间戏曲及地方音乐的伴奏乐器，地位不高。但由于刘天华对乐器的改革、十首独奏曲的创作以及系统的二胡教学法的建立，使得二胡音乐的内涵有所增益，且成为能够独奏的乐器，二胡也因此进入了高等音乐教育之列，从此在中国音乐中的重要性大为提升。刘天华虽然尚未能达成他的理想，"让国乐与世界音乐并驾齐驱"，但他着实为近现代国乐的发展开拓了很好的道路。

中国现代民族音乐的一代宗师——刘天华

直击成功　　刘天华一生致力于改进国乐，反对音乐成为"贵族们的玩具"，提出音乐"要顾及一般民众"。他珍视中国民族音乐传统，但不赞成抱残守缺的"国粹主义"，认为发展国乐，应"从东、西方的调和与合作之中，打出一条新路来"，为此而呕心沥血，矢志不渝。

22 革命音乐家——马可

整理：过佳 乔义红

马可出生在徐州，11岁时参加了教会办的"唱诗班"，"唱诗班"所唱的歌曲多出自莫扎特、舒伯特之手。这一经历使他受到了西洋音乐的熏陶，也培养了他的乐感和节奏感，对他以后的歌曲创作起到了有益的作用。

马可在私立徐州中学受音乐美术教师刘乐夫的影响，在暑假开始学习拉二胡和弹琵琶。在徐州艺波音乐会老师们的帮助下，他的二胡演奏有了很大的进步，为他以后深入学习、研究民族音乐奠定了基础。

当时的徐州正处于黑暗统治之下，就在许多青年对未来感到迷茫的时刻，波澜壮阔的抗日救亡歌咏运动在中国大地上兴起了。《义勇军进行曲》的战歌从亿万人民的心中爆发出来。马可感到热血沸腾，坚定地走上了革命的道路。

后来在冼星海的感召和引导下，马可参加了河南抗敌后援会。他创作了《游击战歌》、《太行山的呼声》、《保卫洛阳》及《吕梁山大合唱》

人物档案

姓　名：马可
生卒日：1918.6.27~1976.7.27
籍　贯：江苏徐州
身　份：作曲家
重大成就：一生写了二百多首（部）音乐作品，代表作品《南泥湾》、《咱们工人有力量》、《白毛女》、《小二黑结婚》，管弦乐《陕北组曲》等

等200多首战斗歌曲，在群众中影响很大。

1939年底，在地下党的安排下，马可去了延安，进入了鲁迅文学艺术学院。从此他得到了的党的亲切关怀和培养，得到冼星海、吕骥等人的指导。在鲁艺秧歌队中，马可除了编写剧本、作曲外，还参加演唱和乐队伴奏。那委婉深情的歌曲《南泥湾》、诙谐而充满乡土气息的《夫妻识字》、歌剧《白毛女》，都是这个时期创作的，深受人们的喜爱，几乎家喻户晓。

1947年初夏，马可在东北解放区的一个文工团里工作。一天，马可和团员们去工地参加工人假日义务劳动。休息的时候，一位老工人问："你们有没有工人翻身的歌？给咱们唱一个。""这个……我们还没有编出来呢！"马可面露窘色地回答。

这时，一位老师傅唱起了自己编的《工人四季歌》。他的嗓子有点沙哑，可是他的歌声却很有吸引力，马可听了非常感动。马可想："要做一个真正的革命者，不学习工人大公无私的品质不可行，应该编一首歌颂他们的歌。可怎么编呢？"马可一边拉琴一边思索，团员们也在思索着，议论着："歌颂他们的生产热情。""歌颂他们勇敢、热情、乐观的精神。""歌颂他们改造世界的气概。"同志们的议论使马可陷入沉思，《工人四季歌》的欢快曲调逐渐形成一个新的热情的旋律："咱们工人有力量！嘿！咱们工人有力量！每天每日工作忙，嘿！每天每日工作忙！盖成了高楼大厦，修起了铁路煤矿，改造得世界变呀么变了样。"就这样，一首富有时代强音的工人歌曲《咱们工人有力量》诞生了。

建国后，马克历任中央戏剧学院音乐室主任、歌剧系主任、中国音乐学院副院长兼中国歌剧舞剧院院长、《人民音乐》主编。他在歌曲创作、歌剧创作、音乐理论方面，都作出了重要的贡献，为人们留下了丰富的音乐文化遗产。

直击成功　1976年7月27日，中国著名作曲家马可逝世。他在中国音乐史上占有重要地位。他的作品脍炙人口、经久不衰。这是因为他有一颗炽热的爱国之心，强烈的民族情感。还因为他能深入人民群众的生活，刻苦钻研音乐理论。

23 民间盲人音乐家——华彦钧

整理：过佳 乔义红

华彦钧，人称"瞎子阿炳"，阿炳是这位艺人的乳名。华彦钧的父亲擅长演奏二胡、三弦、琵琶等乐器；其中，以琵琶演奏最为精通。华彦钧4岁丧母，随父亲在道观里学习音乐演奏；20岁时，父亲患病去世；21岁时患了眼病，34岁双目失明。因社会动乱、生活无着，只得流落街头，以卖艺为生，饱受人间的艰辛和苦难。

华彦钧天资聪颖，从小学习十分刻苦。冬天，为了弹好琵琶，他用冰块摩擦双手锻炼指功；夏夜，他在练二胡时将双脚泡在水里，以防蚊虫叮咬。正由于这种勤学苦练，他在13岁时已经熟练地掌握了二胡、三弦、琵琶和笛子等多种乐器的演奏技艺，16岁时已得到了无锡道教界的一致公认。此后，华彦钧不顾父亲和道教长辈们的反对，沉迷于与浪迹天涯的民间艺人的交流和切磋之中，并由此广泛学习了各地丰富的民间音乐。

华彦钧的民族器乐演奏植根于深切的生活体验和丰富的民族底蕴，他能够根据自己对生活的感受创作、改编、演奏出与时代息息相关

人物档案

姓　名：华彦钧
生卒日：1893.8.17~1950.12.4
籍　贯：江苏无锡
身　份：作曲家、演奏家、民间音乐家
重大成就：二胡曲《二泉映月》

的作品。抗日战争时期，他曾在街头编唱过《汉奸的下场》等小调；他著名的二胡曲《听松》以南宋名将岳飞抗金的史实寄托了对民族解放的期望。抗战胜利以后，他又编唱了《前走狼，后走虎》等在街头演唱，对国民党的反动统治进行了揭露和抨击。他这种新闻活报式的艺术创作和表演，表现出高尚的民族气节。

《二泉映月》是华彦钧最杰出的二胡代表作。这首乐曲原为道教的唢呐曲，具有浓郁的宗教音乐风格。20 世纪 30 年代末，华彦钧在街头流浪卖艺的过程中，经过反复演奏、加工、创作，引入许多民间音乐的曲调才得以形成，华彦钧称之为"依心曲"或"自来腔"。在 1950 年夏天，我国著名音乐史学家杨荫浏先生等人在民间音乐的"抢救"性采风中，为其录音，并与华彦钧先生商榷，将这首曲子定名为《二泉映月》。作者运用二胡上五个把位的宽广音域演奏，配合苍劲的运弓处理，流露出如泣如诉、如悲似怒的情调及对光明和理想境界的憧憬，表现了一个经历旧中国生活坎坷和磨难的流浪艺人的感受和倔强不屈的性格，具有强烈的艺术感染力。

另外，《寒春风曲》和亲传的琵琶曲《大浪淘沙》、《昭君出塞》、《龙船》等，被收入了 1956 年音乐出版社出版的《阿炳曲集》，成为中国近现代民间音乐研究的宝贵遗产。

民间盲人音乐家——华彦均

直击成功　人们称阿炳是三不穷：人穷志不穷（不怕权势）；人穷嘴不穷（不吃白食）；人穷名不穷（正直）。阿炳从小勤奋刻苦学习民族乐器的演奏技能，并能积极向民间艺人学习，把自己深切的生活体验与民族音乐结合起来，才使他的作品获得世界性声誉。

24 钢琴诗人——肖邦

整理：过佳 乔义红

肖邦生于华沙近郊，父亲是法国人，侨居华沙任中学法文教员，母亲是波兰人。肖邦从小就表现出非凡的艺术天赋，6岁开始学习音乐，7岁时就创作了波兰舞曲——《G小调波兰舞曲》，8岁登台演出，不足20岁就名声大振。他是欧洲19世纪浪漫主义音乐的代表人物，肖邦一生的创作大多是钢琴曲，被誉为"钢琴诗人"。

肖邦在少年时代，还接触到波兰城乡的民间音乐以及不少波兰爱国人士的进步思想。1826年起，肖邦正式成为音乐学院的学生，与不少思想进步的师生交往。在动荡不安的形势下，肖邦的亲人、老师和朋友们敦促肖邦出国深造，并通过他的音乐创作和演奏去为祖国获取荣誉。为此，肖邦处于激烈的思想斗争之中，爱国心使他想留下；事业心又使他想离去。他写道："我还在这里，我不能决定启程的日子。我觉得，我离开华沙就永远不会再回到故乡了。我深信，

姓　名：弗里德里克·肖邦
生卒日：1810.3.1~1894.10.17
国　籍：波兰
身　份：音乐家、作曲家、钢琴家
重大成就：代表作品《钢琴协奏曲》、《叙事曲》《钢琴奏鸣曲》、《谐谑曲》等，被誉为"钢琴诗人"

我要和故乡永别。啊，要死在不是出生的地方是多么可悲的事！"离别的痛苦、永别的预感折磨着他，但是，亲友们的勉励、嘱咐和期望又鼓舞着他，使他意识到自己有责任去国外用艺术来歌颂祖国和自己的民族，为此他又感到激动。他写道："我愿意唱出一切为愤怒的、奔放的情感所激发的声音，使我的作品（至少一部分）能作为约翰的部队所唱的战歌。战歌已绝响，但它们的回声仍将荡漾在多瑙河两岸。"

肖邦后半生遭遇波兰亡国，他在国外度过余生，并创作了很多具有爱国主义思想的钢琴作品，抒发自己的思乡情、亡国恨。在维也纳，肖邦结识了西欧文艺界许多重要人物，包括德国诗人海涅、匈牙利音乐家李斯特等，特别是与法国女作家乔治·桑的关系，对肖邦的思想、生活产生了深刻的影响。从 30 年代初到 40 年代中期，肖邦的思想和艺术高度成熟，创作上获得极其丰硕的成果。

1849 年，肖邦逝世后，他的遗体按他的嘱咐埋在巴黎的彼尔·拉什兹墓地，紧靠着他最敬爱的作曲家见利尼的墓旁。那只从华沙带来的银杯中的祖国泥土，被撒在他的墓地上。肖邦的心脏则运回到他一心向往的祖国，埋葬在哺育他成长的祖国大地中。

直击成功　　肖邦被誉为"钢琴诗人"。他通过钢琴来表达自己内心的诗意，把钢琴的表现力发挥到了精彩绝伦的境界。对祖国命运的深切关怀，对祖国未来的热情憧憬，体现了肖邦对祖国始终不渝的热爱。并把这种爱融入他的作品中，为后人所传颂。

25 现实主义歌剧的先驱——比才

整理：过佳 孙宇

乔治·比才生于巴黎的一个音乐世家，父亲是一名声乐教师，母亲出身于音乐世家。在这样的家庭环境下，比才从小就受到音乐的熏陶。比才9岁时开始学习钢琴，同年考入了巴黎音乐学院，之后又随音乐家古诺学习。

18岁的时候，比才创作完成《C大调交响曲》。这部作品形式严谨，旋律清新，色彩明快，初步显示了这位年轻音乐家的创作才华。年轻的比才音乐兴趣广泛，他高超的钢琴演奏技艺和总谱阅读能力曾使当时的著名钢琴家、作曲家李斯特感到震惊。比才早期的音乐作品受意大利罗西尼等人的影响比较大，他在早期的音乐创作中倾心于意大利流畅的旋律风格。直到戏剧配乐《阿莱城的姑娘》的问世，他自身的音乐才华才真正显示出来，逐渐形成了自己的创作风格。

1874年，不满37岁的比才，创作了著名的歌剧《卡门》。《卡门》的剧情取材于梅里美的同名小说。在这部作品中，比才把社会底层

人物档案

> 姓　　名：乔治·比才（又译作比捷）
> 生卒日：1838.10.25~1875.6.3
> 国　　籍：法国
> 身　　份：作曲家
> 重大成就：世界上演率最高的歌剧《卡门》的作者

人物吉卜赛烟草女工和士兵推上了歌剧舞台，音乐与剧情构成了一个不可分割的整体，丰富的旋律展现了五彩缤纷的生活画卷，刻画出栩栩如生的人物形象。特别是在音乐处理上，这部作品强调了剧情发展的对比和力度，生动而富有光彩，是比才创作的顶峰。

然而，由于当时听众的鉴别力还不能跟上这位音乐家的音乐天赋，因而这部歌剧当年在巴黎喜剧歌剧院首演时，观众的反应竟然十分冷淡。首演的失败使比才痛苦异常，据说当晚他在巴黎冷清的街道上绝望地徘徊了一整夜，不断地问自己："为什么呢？为什么呢？"此后比才便一直情绪消沉，三个月后由于心脏病猝发，37岁的比才去世了。

奇迹在比才去世的四个月后出现了。1875年10月，这部歌剧又在维也纳公演，获得了极大成功。三十年后，歌剧《卡门》上演一千场纪念公演就在巴黎举行。如果比才那时仍然健在的话，他才是一位66岁的老人。这多么令人惋惜。直到今天，《卡门》也是世界范围内上演最多、流行最广的歌剧作品之一。

直击成功　　从小受到的家庭熏陶和刻苦勤奋的学习，使比才在年轻的时候就展现出了过人的音乐才华。但是，他能够创作出《卡门》这样流传后世的杰出作品，最为关键的是他能够走出一味模仿意大利歌剧旋律风格的困境，形成自己独特的创作风格。令人惋惜的是，这位音乐天才在自己心爱的作品不被听众接受时便情绪消沉，抑郁而终。这提醒我们即使遇到逆境，也不要对自己失去信心。

现实主义歌剧的先驱——比才

26 为中国音乐事业献出毕生精力的音乐家——李焕之

整理：过佳 乔义红

李焕之生于香港，早年在厦门双十中学读书。他后来回忆道："厦门双十中学给我的印象极其深刻，我的音乐爱好是母校培育的。当时学校的课外活动开展得很活跃，我参加了学校的合唱团、铜管乐队，这使我对音乐产生了浓厚的兴趣。我还参加了其他文艺活动，陈梦韶老师把鲁迅的小说《阿Q正传》改编为话剧演出，我还扮演剧中的小尼姑一角呢！这些活动，为我以后的工作打下了很好的基础。"李焕之还喜欢用风琴弹奏《友谊地久天长》、《老黑奴》等四部和声谱成的曲子。这为他形成合唱多声部思维、写作合唱曲奠定了基础。

1935年，李焕之读高中一年级时，就为郭沫若的诗作《牧羊哀歌》谱曲，成功的尝试使他毅然决然地走上音乐之路。1936年春，李焕之入上海国立音乐专科学校，师从萧友梅学习和声学。1937年投入抗日文艺活动，作有《厦门自唱》（燕风词）、《保卫祖国》（克锋词）等

人物
档案

姓　名：李焕之
生卒日：1919.1.2 ~ 2000.3.19
籍　贯：福建晋江
身　份：作曲家、指挥家、音乐理
　　　　论家
重大成就：代表作品《民主建国进行曲》、《新中国青年进行曲》、《社会主义好》、《春节组曲》等

早期歌曲。1938 年 8 月到延安，入鲁迅艺术学院音乐系学习，结业后又继续在高级班师从冼星海学习作曲指挥，并于同年 11 月加入中国共产党。留校任教时，李焕之深深为合唱的独特魅力所吸引，尤其是恩师冼星海的四部大合唱《生产大合唱》（塞克词）、《九一八大合唱》（天兰词）、《黄河大合唱》（光未然词）、《牺盟大合唱》（傅秉岱词）给予他强烈的震撼和深刻的启迪。此后李焕之毕生以合唱创作为主，并探索"不按照美声唱法而是真正具有浓郁的民间或古代歌曲的韵味来进行编曲、创作和演唱"。从 30 年代到 80 年代，他先后创作了四百余首合唱歌曲，被人们广为传唱。

李焕之以老一辈音乐家博大、宽厚、诚挚的情怀，热情支持、扶植中青年音乐家的健康成长，博得了广大音乐工作者和人民群众的尊重与爱戴。他为建设社会主义的、具有中国特色的民族音乐事业，为开展中国和世界的音乐文化交流，作出了重要的贡献。

直击成功　　李焕之先生胸怀坦荡、谦虚谨慎、平易近人、廉洁自律。他在顺利时虚怀若谷，不骄不躁；处在逆境中充满自信，不卑不亢。他将民族音乐发扬光大，将合唱艺术作为一生的事业。正是这些优秀的品质才使他能够取得巨大的成功。

为中国音乐事业献出毕生精力的音乐家——李焕之

27 时代歌手——施光南

整理：过佳 乔义红

施光南祖籍浙江金华，在重庆出生，系政治活动家施复亮之子。一级作曲家，新中国成立后成长的新一代作曲家的杰出代表。建国后到目前为止唯一一位被国家授予"人民音乐家"称号的艺术家。

施光南4岁的时候，在小学当校长的妈妈把他带到了自己任职的小学里读书。翌年，重庆市准备举办小学生音乐比赛。学校举荐颇有天资、锋芒初露的施光南去登台竞技。赛前，音乐老师煞费苦心，为他精选演唱曲目。施光南却不以为然，另辟蹊径，自编了一首歌："春天到了，桃花开开，小鸟飞飞，黄莺在树上叫。它们快活，我也快活，我们大家都快活。"施光南一鸣惊人，居然荣获小学乙组第二名。这支被他母亲记录下歌词的歌曲，就是施光南的处女作《春天到了》。

施光南17岁时被中央音乐学院破格录取。1964年毕业后分配到天津歌舞剧院任创作员，先后创作了《最美的赞歌献给党》、《赶着马儿走山乡》、《打起手鼓唱起歌》等清新优美的抒情

人物档案

姓　名：施光南
生卒日：1940.8.22~1990.4.18
籍　贯：重庆
身　份：作曲家
重大成就：代表作品歌剧《屈原》、《伤逝》、歌曲《洁白的羽毛寄深情》、《吐鲁番的葡萄熟了》、《在希望的田野上》、《祝酒歌》等

歌曲，受到广大群众的欢迎。

1976年"四人帮"被粉碎后，施光南把民众扬眉高歌的心情和自己的一腔喜悦化成了一曲《祝酒歌》，这首歌传遍了华夏大地，陶醉了亿万中国人民，成为一代颂歌。在1980年"听众最喜爱的15首广播歌曲"评选中独占鳌头，并被联合国教科文组织编入世界性的音乐教材。

1978年7月，施光南调入中央乐团。此后，他的创作灵感尽情挥洒，先后创作了《生活是多么美丽》、《月光下的凤尾竹》、《假如你要认识我》等上百首带有浓重理想主义色彩的抒情歌曲。除了创作歌曲外，他还创作了多部歌剧、芭蕾舞剧、京剧等多种类型的作品，如大型歌剧《伤逝》、《屈原》，芭蕾舞剧《白蛇传》等。

1979年起，施光南任中国音乐家协会理事、副主席，全国青联委员、副主席，中国共产党第十三次全国代表大会代表。施光南曾多次作为团长率青联文艺慰问团深入到边疆少数民族地区，传播祖国的优秀文化，还多次率全国青联代表团出国访问，增进中国青年与世界青年的友谊。

不幸的是，他却早早地倒在钢琴前，在歌声中结束了他短暂而光辉的一生，年仅49岁。施光南英年早逝，但他留下的作品，将永远回响在中华大地上，他无愧于"时代歌手"、"人民音乐家"的美称。

时代歌手——施光南

直击成功　施光南曾经说过："'爱国'是我创作永恒的主题。"在施光南的作品中充满了对美好生活的歌颂、对祖国的热爱、对中国传统文化的弘扬以及对重振民族精神的企盼。施光南的作品始终传达着中国人民走向未来的心声并不断唤起亿万人民的强烈共鸣，成为经久不衰的时代之歌。

Part 3

品德 与社会

01 杂交水稻之父——袁隆平

■ 整理：吕晓璐 徐铭阳

　　袁隆平幼年时正值"九一八"事变，他跟随家人过着逃难生活。高中毕业时他报考了重庆一所学院的农学系，高高兴兴地跳进了"农门"。

　　二十三岁的袁隆平大学毕业后来到湖南省偏僻的安江农校任教，开始了他长达十九个春秋的教学生涯。

　　1960年，饥荒肆虐神州大地。作为农业教学科研工作人员的袁隆平深感自身的使命重大。他决定在农业科研上搞出点名堂来，在学校的早稻品种试验田里，他发现了一株"鹤立鸡群"的植株。第二年春天，袁隆平把这株植株的种子播在试验田里，竟然惊奇地发现了遗传学上的分离现象。他意识到自己发现了十分罕见的"天然杂交稻"。当即决定跳出传统的"无性杂交"学说的束缚，开始进行水稻的有性杂交试验。

　　1964年7月，袁隆平在稻田里惊喜地寻找到一株"天然雄性不育株"，经人工授粉，结出了数百粒第一代雄性不育材料种子。他发表了《水稻的雄性不孕性》论文，在世界上首次提出了通过培育雄性不育系、保持

人物档案

姓　名：袁隆平
生　日：1930.9.1
籍　贯：江西德安（出生于北京）
身　份：杂交水稻育种专家
　　　　中国工程院院士
重大成就：开创杂交水稻研究，并取得巨大研究成果

系和恢复系的三系法培育杂交稻，以大幅度提高水稻产量的理论。这一理论震动了整个农业界和科技界。

为了把理论变为田里的累累稻穗，袁隆平和他的助手轮流到气候温暖的海南、云南等地育种，用1000多个品种的常规水稻与最初找到的雄性不育株及其后代进行了3000多个试验，终于在1970年找到了野生稻不育株"野败"。1973年10月，袁隆平发表了《利用"野败"选育三系的进展》一文，正式宣告中国籼型杂交水稻"三系"配套成功！

1986年，袁隆平又提出了杂交水稻育种方法从三系向两系再向一系迈进的战略设想。之后，袁隆平又提出了超级杂交水稻分阶段实施的战略目标。

不仅如此，杂交水稻还被推广到全球30多个国家和地区，种植面积达3000多万亩，成为我国重要的外交品牌。

为了表彰袁隆平对人类的杰出贡献，袁隆平先后获得了首届国家最高科学技术奖、"拯救饥饿奖"、联合国粮农组织"世界粮食安全保障奖"、"世界粮食奖"、入选美国科学院外籍院士等多个世界奖项和荣誉，被国际上誉为"杂交水稻之父"。

直击成功　　袁隆平院士的杂交水稻研究不仅对中国、也对全世界作出了卓越的贡献。作为一名科研人员，他把社会的需要当作自己的理想和追求。正是这种崇高的原动力，使他走向成功。他视科学为生命，全身心地投入到自己的事业中。他对科学的追求精神，值得我们学习。

02 雪山高原铺路石——陈德华

整理：吕晓璐 徐铭阳

陈德华是四川甘孜藏族自治州公路管理局雀儿山五道班班长。为保证雀儿山路段这个举世闻名的川藏公路上的咽喉要塞的畅通，他带领全班同志与恶劣的自然条件做斗争，为川藏公路的畅通做出了巨大贡献。

雀儿山位于青藏高原东南部，海拔6168米，藏语叫"绒麦俄扎"，意思是山鹰飞不过的山峰。山鹰飞不过，汽车却要通过。要养好雀儿山的公路，可真不容易！雀儿山上，什么都缺，就是不缺石头。陈德华和工友们就地取材，尽量利用岩缝中风化的沙土。由于石缝窄小，铁锹和其他工具无法用上，他们就把手伸到岩石缝中一点点、一把把地掏。手上的老茧磨破了，鲜血渗进了沙土里，贴上胶布继续干。就是这样，年又一年，陈德华和工友们将来之不易的泥土，一层又一层，铺在了长长的雪山公路上。

"人在路上，路在心上"。雀儿山的路哪里有陡坡、急弯，哪里有涵洞、堡坎，哪里最容易塌方，哪里存在

人物档案

姓　名：陈德华（藏名：扎西降错）
生　日：1958
籍　贯：四川省甘孜藏族自治州
身　份：养路工人
重大成就：为祖国公路事业做出巨大贡献

着隐患，都在陈德华的心里。五道班所管养的路段每年平均好路率都达到80%以上。

雀儿山最艰难的路是半山腰上的"老一挡"，只有100多米长的路，岩高坡陡，弯急路窄，沉陷严重，稍有不慎就会车毁人亡。为了改造这段险路，陈德华带领全班人平整路面、加宽路基、降坡改弯、修改挡墙，苦战30多天，终于把"老一挡"改造成为放心路段。

由于山高路险，天气无常，雀儿山通车以来发生事故数百次，因冰雪阻车死于高山缺氧者数百人。每到冰雪封山，路标失效时，陈德华准会出现在车前，用身躯做路标，一步一步引导车辆过山。走走停停几个小时，陈德华的头发和衣服被汗水、雪水浸透，寒风一吹，身上就像罩上了冰壳。多少次，工友们把冻昏的陈德华抬回道班，剪开他的衣裤，用雪搓热他的身体，把他从冰冻中救醒。人们都亲切地称陈德华和他的工友们是雀儿山的"铺路石"、"保护神"、"驾驶人员的亲人"。

陈德华和工友们的工作得到了人们的高度评价。党和人民给予了陈德华崇高的荣誉。他先后被授予"全国交通系统劳动模范"、"四川十大杰出青年"、"全国优秀工会积极分子"、"全国劳动模范"、"全国优秀共产党员"等光荣称号。

直击成功 陈德华和他的工友们是普通的社会主义建设者。他们热爱自己的工作，扎根于艰苦的工作一线，以高度负责的态度和不畏艰辛的精神，在平凡的工作岗位上做出了不平凡的工作成绩，保障了川藏公路的畅通。他们的事迹告诉我们，只要有认真负责的态度和脚踏实地的精神，在任何岗位上都可以有大的作为。

03 七下"西洋"的航海家——郑和

整理：吕晓璐 周绍琛

郑和出生于明洪武四年（1371年），原名马三保。洪武十三年冬（1380年），明朝军队进攻云南。10岁的马三保被掳入明营成为太监，之后进入朱棣的燕王府。

三保聪明好学，有智谋韬略，又懂兵法，在靖难之变中他为燕王朱棣立下战功。永乐二年（1404年）明成祖朱棣认为马姓不能登三宝殿，因此赐马三保郑姓，改名为和，官至四品。宣德六年（1431年）钦封郑和为三保太监。郑和的祖父和父亲因为信仰伊斯兰教均曾朝拜过伊斯兰教的圣地麦加，熟悉远方异域、海外各国的情况，有过航海经验，因此郑和从小就懂得了一些航海和海外贸易的知识。不仅如此，郑和懂兵法，有谋略，具有军事指挥才能，而且知识丰富，熟悉西洋各国的历史、地理、文化、宗教，具有卓越的外交才能。明成祖正是因为赏识其才能而委以重任，让他成为下西洋船队的统帅。

经过充分准备，永乐三

人物档案

姓　名：郑和
生卒年：1371~1433
籍　贯：云南昆阳
身　份：航海家、外交家
重大成就：七下"西洋"

年六月十五日（1405 年 7 月 11 日）郑和率船队从苏州府刘家港（今江苏省太仓县浏河口）启程远航。这支船队总共有 208 艘船，船队中有航海技术人员、管理事务人员和翻译、医生等，人数有 27800 人。永乐五年九月初二（1407 年 10 月 2 日）回国。此次下"西洋"，加强了明朝与"西洋"各国相互间的了解，发展了海外贸易。

之后的 28 年，郑和又先后六次率船队远航。公元 1433 年 4 月上旬，这位伟大的航海家在最后一次航行的归途中积劳成疾，在印度半岛的古里（今印度科泽科德）病逝。

郑和率船队七下"西洋"，先后访问了亚洲和非洲的 30 多个国家，最远到达非洲东岸赤道以南的麻林地（今肯尼亚的马林迪）和慢八撒（今肯尼亚的蒙巴萨港），这是世界航海史上的伟大壮举。作为打开从中国到东非航道的第一人，他的航行比哥伦布首航美洲大陆早 87 年，比达·伽马绕过好望角到达印度早 93 年，比麦哲伦到达菲律宾早 116 年。

直击成功 　郑和七下"西洋"的壮举之所以能够实现，一方面，是因为明朝的统治者认识到了联络各国、发展海外贸易的重要性；另一方面，也是因为郑和本人具备成为一名航海家、外交家的经历和才能。儿时城破被掳、成为宦官的坎坷，并没有阻挡三保聪明好学的步伐，最终使其成为最适合完成这一伟大使命的人。

04 地震中的英雄少年——何亚军

整理：吕晓璐 周绍琛

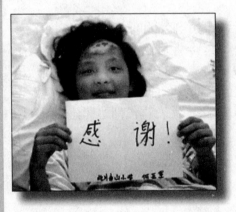

回忆起 2008 年 5 月 12 日地震时的场景，何亚军说，只记得教学楼不久便塌了，正在二楼上课的自己被埋压在废墟的一处缝隙中，双腿、胸口都被压住，喘不过气来。为了呼吸，她只有用力地仰起头，额头被垮塌物挤压得血肉模糊。

在她的左右两侧各有一个同学。何亚军问："你们怎么样了？"左边的同学牛钰发出微弱的声音："我还活着。"右边的同学悄无声息，已经遇难了。

寂静而可怕的黑暗中，何亚军和牛钰曾经一度昏迷，醒来时就互相鼓劲。何亚军回忆说，在废墟里，最渴望的东西就是水。牛钰当时曾说："我好想喝冰镇饮料啊！"何亚军则说："别说饮料，有矿泉水我就满足了！"

地震后 19 个小时，两人被救援人员发现了。由于掩埋的位置压着几块巨大的预制板，一时无法成功施救。救援人员一边鼓励她们坚持

人物
档案

姓　名：何亚军
年　龄：11 岁（汶川地震发生时）
籍　贯：四川省绵阳市北川县
身　份：五年级学生
重大成就：地震中的英雄少年

住，一边用长绳递下矿泉水。何亚军用力探出还能动的左手，接住了水瓶。想到旁边的牛钰不能动弹，没法喝水，何亚军就用单手握紧水瓶，努力向左伸出，尽量往牛钰的嘴里倒："快喝，牛钰！"在被救援的50多个小时里，这样的动作重复了100多次。何亚军回忆说："我实在记不清具体的次数了。由于在黑暗里看不清楚，转头也不方便，我也不确定牛钰到底喝下多少水，只能尽量多喂一点。多喝一口水，她就多一点希望。"当时何亚军全身是伤，除了右腿已经没有知觉以外，浑身都剧痛，每一次举起左手都感到阵阵痛楚。但为了喂同学喝水，她都咬牙忍住了。

2008年5月15日上午10时，两人终于从废墟中被救出。何亚军的右小腿因磨压过度严重感染，皮肤大部分坏死，险些截肢。重庆市第十三医院对其全力救治，先后进行了两次清创手术，她的病情大为好转，右腿已恢复了部分知觉。后来何亚军被转至重庆儿童医院继续接受治疗。

提起她在黑暗中帮助同学的经历，护士们感动地说："一个11岁的孩子，在剧痛、恐惧的情况下，不崩溃就很难得了。她还能记得照顾同伴，真是难得！"但何亚军却说："那是我应该做的。"

直击成功　　　在这次地震中，11岁的何亚军并没有被突发的灾难吓倒，她小小年纪，却临危不惧，舍己为人。她强忍剧痛把生命之水送给同学。何亚军向我们展示了危难中的坚强和无私的奉献精神，正是因为她的勇气与信心鼓舞了自己和同伴，她们才能战胜死神，获得重生。

05 中华民族的始祖——黄帝

整理：吕晓璐 陈 燕

黄帝本姓公孙，生长于姬水。因改姓姬，居轩辕之丘，故号轩辕氏，活了102岁。创业和建都于有熊(今河南新郑)，故亦称有熊氏，因有土德之瑞，土色黄，故号黄帝。

据传黄帝出生几十天就会说话，少年时思维敏捷，青年时敦厚能干，成年后聪明坚毅。阪泉一战战胜炎帝统一了华夏民族。涿鹿一战战胜蚩尤，夺取了中原引领古代华夏族由野蛮时代走向文明时代。发明历数、天文、阴阳五行、十二生肖、甲子纪年、文字、图画、著书、音律、乐器、医药、祭祀、婚丧、棺椁、坟墓、祭鼎、祭坛、祠庙、占卜等。播百谷草木，大力发展生产，创造文字，始制衣冠，建造舟车，发明指南车，定算数，制音律，创医学等，是承前启后中华文明的先祖。

黄帝时期有许多发明创造。

建立古国体制：划野分疆，八家为一井，三井为一邻，三邻为一朋，三朋为一里，五里为一邑，十邑为都，十都为一师，十师为州，全国共分九州；设官司职，置左右大监，监于万国，设三公（官名）共120个官位管理国家。提出以德治国，"修德振兵"，以"德"施天下，尤其是设立"九德之臣"，教养百姓九行，即担任法官、后土担任狱官，对犯罪重者判处流失，罪大恶极者判处斩首等。

据史书记载，黄帝在农业生产方面有许多创造发明，其中主要有实行田亩制。将全国土地重新划分，划成"井"字，四周八块为"私田"，中间一块为"公亩"，归政府所有，由八家合种，收获缴政府。对农田实行耕作制，及时播种百谷，开辟园、圃，种植果木蔬菜，种桑养蚕，饲养兽禽，进行放牧等。缝织方面，发明机杼，进行纺织，制作衣裳。制陶方面，制造碗、碟、釜、甑、盘、盂、灶等。冶炼方面，炼铜，制造铜鼎、刀、钱币、铳等。建筑方面，建造宫室、銮殿、庭、祠庙、玉房宫等。交通方面，制造舟楫、车、指南车。兵械方面，制造刀、枪、弓矢、弩等。

黄帝与炎帝都被看做是华夏民族的始祖，故中国人有时自称"炎黄子孙"。

中华民族的始祖——黄帝

直击成功　　　轩辕黄帝为中华民族始祖，他在位时间很久，国势强盛，政治安定，文化进步。他因统一中华民族的伟绩而载入史册。他播百谷草木，大力发展生产，创造文字，始制衣冠，建造舟车，发明指南车，定算数，制音律，创医学等，是中华文明的先祖。

06 我们共同的祖先——炎帝

整理：吕晓璐 陈 燕

炎帝于距今约四千多年前生于姜水之岸（今陕西宝鸡一带）。相传其母名女登，一日游华阳，被神龙绕身，感应而孕，生下炎帝。

炎帝和黄帝是起源于黄河流域的两个血缘关系相近的部落首领。两个部落争夺领地，展开阪泉之战，黄帝打败了炎帝，两个部落渐渐融合成华夏族，华夏族在汉朝以后称为汉人，唐朝以后又称为唐人。炎帝和黄帝是中国文化、技术的始祖，传说他们以及他们的臣子、后代创造了上古几乎所有重要的发明。

传说炎帝人身牛首，头上有角。炎帝少年时就很聪明，三天能说话，五天能走路，三岁就知道农业劳作方面的事情。相传他一生为百姓办了许多好事：教百姓耕作，百姓得以丰衣足食；为了让百姓不受疾病之苦，他尝遍了各种药材，以致自己一日中七十次毒。他又做乐器，让百姓懂得礼仪，为后世所称道。

人物档案

姓 ：伊耆，后改姓姜氏，
氏 ：烈山氏名，
名 ：石年
籍 贯：姜水（今陕西宝鸡市清姜河）
身 份：中华民族的始祖之一
重大成就：制耒耜，尝百草，治麻为布

为了让人们有规律地生活，按季节栽培农作物，炎帝还立历日，立星辰，分昼夜，定日月，月为三十日，十一月为冬至。

炎帝管理部落、治理天下很有方法。他不贪图财富，希望他的人民都能过上富裕的日子，他的才智得到天下人的尊敬。炎帝用德和义来治理天下，虽然不设赏罚，但人民都能辛勤劳作，鲜有作奸犯科的事情发生。在炎帝的治理下，人民遵纪守法，生活富足，天下太平。

炎帝还是我国教育事业的始祖。他教民使用工具、教民播种五谷，教民医药，教民制陶、绘画，教民弓箭、猎兽、健身，教民制琴、教民音乐、舞蹈，还教民智德。可见，炎帝时期，德、智、体、美得到了全面重视和发展。

直击成功

炎帝精神，首要的是创业精神、奉献精神，敢为人先的创造精神，百折不挠、自强不息的进取精神。炎帝精神使中华后裔在与自然的斗争中，摆脱愚昧和野蛮，追求先进与文明。这种精神使华夏民族获得了高度的团结和统一。

07 活字印刷术的发明者——毕昇

整理：吕晓璐 姜健

毕昇发明的活字印刷术从 13 世纪到 19 世纪，传遍全世界。被称为印刷史上的伟大革命家。

毕昇初为印刷铺工人，专事手工印刷。他在印刷实践中，深知雕版印刷的艰难，认真总结前人的经验，发明了活字印刷术。

在此之前，只有摹印、拓印和雕版印刷，既笨重费力又耗料耗时，不但存放不便，而且有错字又不易更正。毕昇发明的活字印刷方法既简单灵活，又方便轻巧。其制作程序为：先用胶泥做成一个个规格统一的单字，用火烧硬，使其成为胶泥活字，然后把它们分类放在木格子里，一般常用字备几个至几十个，以备排版之需。排版时，用一块带框的铁板作底托，上面敷一层用松脂、蜡和纸灰混合制成的药剂，然后把需要的胶泥活字一个个从备用的木格子里拣出来，排进框内，排满就成为一版，然后再用火烤。等药剂稍熔化，用一块平板把字面压平，待药剂冷却凝固后，就成为版型。印刷时，只要在版型上刷上墨，敷上纸，加上一定压力就行了。印完后，再用

人物档案

姓　名：毕昇
生卒年：约 970 ～ 1051
籍　贯：北宋淮南路蕲州蕲水县直河乡
身　份：中国发明家
重大成就：发明活字版印刷术

火把药剂烤化，轻轻一抖，胶泥活字便从铁板上脱落下来，下次可继续使用。

此外，他还研究过木活字排版。活字可以多次使用，比整版雕刻经济方便。由于木料纹理疏密不匀，刻制困难，木活字沾水后易变形，以及和药剂粘在一起不容易分开等原因，没有采用。毕昇的胶泥活字版首先传到朝鲜，被称为"陶活字"。后来又由朝鲜传到日本、越南、菲律宾。15世纪，活字版传到欧洲。公元1456年，德国的戈登堡用活字版印《戈登堡圣经》，这是欧洲第一部活字印刷品，比中国的活字印刷晚四百年。

毕昇的胶泥活字版印书方法，如果只印二三本，不算省事，如果印成百上千份，工作效率就极其可观了，不仅能够节约大量的人力物力，而且可以大大提高印刷的速度和质量，比雕版印刷要优越得多。

活字印刷术的发明，是印刷史上的一次伟大革命，是中国古代四大发明之一，它为中国文化的发展开辟了广阔的道路，为推动世界文明的发展作出了重大贡献。

直击成功　　毕昇虽是一个印刷工人，但是他善于总结前人的经验，大胆创新，发明了改变世界的活字印刷术。他不满足现状，不断地在实践中改进自己的发明，使其逐步完善。这种科学探究的精神值得我们学习。

08 中国首位航天员——杨利伟

整理：袁欣 吕晓璐 范晶

杨利伟出生在辽宁省葫芦岛市绥中县。18岁那年，他考进了空军第八飞行学院。四年的刻苦学习和训练，让他儿时翱翔蓝天的梦想成为了现实。

1996年初夏，杨利伟接到通知去参加航天员初选体检。初检通过了，他被安排参加临床体检。在近乎"苛刻"的选拔后，杨利伟等13人成为中国第一代航天员。2003年7月，杨利伟被授予三级航天员资格。他以优异的训练成绩和综合素质，被选入"神舟"五号飞船"3人首飞梯队"，并被确定为首席人选。

为更好地完成任务，杨利伟全身心地投入了强化训练。飞船模拟器成了他的"家"。飞船飞行持续时间几十个小时甚至上百个小时，程序指令上千条，操作动作有100多个。舱内的仪表盘红蓝指示灯密密麻麻，各种线路纵横交错，各种设施密布。要熟悉和掌握它们，并能进行各种操作和故障排除，只有靠反复演练。

杨利伟把能找到的舱内

人物档案

姓　名：杨利伟
生　日：1965.6.21
籍　贯：辽宁省葫芦岛市绥中县
身　份：中国人民解放军少将军衔
特级航天员
重大成就：中华人民共和国第一位
进入太空的航天员

设备图和电门图都找来，贴在宿舍墙上，随时默记。他还用小型摄像机把座舱内部设备和结构拍录下来，输入电脑，刻制了一张光盘，业余时间有空就看。

他曾说："现在我一闭上眼睛，座舱里所有仪表、电门的位置都能想得清清楚楚。随便说出舱里的一个设备名称，我马上可以想到它的颜色、位置、作用；操作手册我都能背诵下来，如果遇到特殊情况，我不看手册，也完全能处理好。"

2003 年 10 月 15 日，在进入飞行舱前，杨利伟敬礼向大家致意告别。飞船绕着地球以 90 分钟一圈的高速飞行，杨利伟郑重地在飞行手册上写下了"为了人类的和平与进步，中国人来到太空了！"飞船飞行到第七圈时，他又在太空展示了中国国旗，表达了中国人民和平利用太空，造福全人类的美好愿望。

正因为杨利伟对飞船飞行程序和操作程序烂熟于心，在 21 小时 23 分钟的飞天之旅中，他的操作没有出现一次失误。飞船总设计师高度评价杨利伟的太空飞行："不是一般的成功，而是非常成功；不是一般的完美，而是特别完美。"

直击成功　　杨利伟凭借他刻苦的学习、熟练的技术、顽强的意志和良好的心理素质完成了一次完美的太空之旅，成为中华人民共和国第一位进入太空的人。2003 年 11 月 7 日，在庄严的人民大会堂，中共中央、国务院、中央军委授予杨利伟"航天英雄"荣誉称号。

09 儒家学派的至圣先师——孔子

整理：吕晓璐 徐铭阳

孔子是我国古代最伟大的政治家、思想家、教育家，是儒家学派的创始人。

孔子幼年时极为聪明好学，年轻的时候，学识就已经非常渊博，被称赞"博学好礼"。成年以后更以好学而著称，对各种知识都表现出浓厚的兴趣，因此他多才多艺，知识渊博，几乎被当成圣人。但孔子自己却非常谦虚，在学习的过程中，谁有知识，谁那里有他所不知道的东西，他就拜谁为师。"三人行，必有我师焉"就是他的一句名言。

孔子不仅聪明好学，而且还十分注重自己的道德修养。在孔子的心目中，行义是人生的最高价值，在富贵与道义发生矛盾时，他宁可受穷也不会放弃道义。当然，也不能把他的安贫乐道看做是不求富贵，孔子认为追求富与贵不能违背道义。

怀着与人为善的理念孔子创立了以"仁"为核心的

姓　名：孔丘
生卒年：公元前 551~ 公元前 479
籍　贯：春秋末期鲁国陬邑昌平乡
　　　　（今曲阜市南辛镇）
身　份：伟大的教育家、思想家
重大成就：开创儒家学派，编纂《春秋》，修订"五经"，创办私学，打破贵族教育

道德学说，他自己也是一个很善良的人，富有同情心，乐于助人，待人真诚、宽厚。"己所不欲，勿施于人"（自己不想做的事情，不要强加给别人）、"君子成人之美，不成人之恶"（君子通常成全他人的好事，不破坏别人的事）等，都是他的做人准则。

孔子主张直道而行，而且他自己一生性格正直。但是，这也成为他的一个毛病，就是看问题太深刻，讲话太尖锐，伤害了一些有地位的人，给自己带来很大的危险。

孔子始终保持乐观的生活态度。他带领弟子周游列国，历尽艰辛，不仅未得到诸侯的任用，还险些丧命，但孔子并不灰心，仍然乐观向上，坚持自己的理想。

孔子的"仁"说，体现了人道精神；孔子的"礼"说，则体现了礼制精神。与这种"仁"说和"礼"说相联系，在治国的方略上，他主张"为政以德"，把用道德和礼教来治理国家看做是最高尚的治国之道。这种治国方略也叫"德治"或"礼治"。他提出的这种人道主义和礼制精神是中国古代社会政治思想的精华。

儒家学派的至圣先师——孔子

直击成功 孔子之所以能够博学多才被尊为至圣先师，不仅仅在于他提出了一系列的思想和主张，更在于他有着虚心好学、治学严谨、诲人不倦的优秀品质，更重要的是他乐于助人，待人宽厚，为人真诚。我们要正确看待孔子的学说，更要学习和传承他治学、待人的道德品质和健康的生活态度。

10 伟大的军事家——孙武

整理：吕晓璐 陈燕

孙武是中国古代著名的军事家，春秋时期齐国人。著有巨作《孙子兵法》十三篇，为后世兵法家所推崇，被誉为"兵学圣典"。

孙武自幼聪慧睿智，机敏过人，勤奋好学，善于思考，富有创见，而且特别尚武。每当祖父、父亲从朝中回到家里，孙武总缠着他们，让他们给他讲故事。他特别喜欢听打仗的故事，而且百听不厌。随着孙武的长大，逐渐显现出对军事的爱好和特有的天赋。

孙武还有一个最大的爱好就是看书，尤其是兵书。

孙武8岁时，被送进"庠序"（政府办的正规学校）接受系统的教育。当时，"五教"、"六学"是"庠序"的主修课程。少年孙武对那些艰涩繁杂的"五教"，看三两遍就能熟记于心。

有一次，老师以为他贪玩，把他叫去准备责罚一顿。老师用刚刚学过的一段课文向他提问，孙武对答如流。老师找不出责罚的理由，只好作罢。久而久之，老师感觉这孩子有不同常人的天赋，

人物档案

姓　名：孙武
生　日：约公元前535
籍　贯：春秋时期齐国乐安（今山东省广饶县）
身　份：军事家
重大成就：著《孙子兵法》

将来必成大器。于是教育孙武也就更加用心了。

在所有的课程中，孙武最感兴趣的是"六学"中的"射"和"御"。"射"和"御"既是战场拼杀的基本技能，也是齐国社会竞技活动的主要项目。在齐国，每年的九月，都要举办一次全民"射"、"御"竞赛，是国家选将取才的重要形式。

孙武对"射"和"御"投入了比其他学生多数倍的努力，甚至到了废寝忘食的地步。很快，孙武就成了掌握这两项技能的同辈贵族少年中的佼佼者。孙武没有就此止步，依旧是冬练三九，夏练三伏。此时，孙武心中有一个理想，那就是长大后要成为一名驰骋疆场的大将军。

孙武被伍子胥引荐给吴王阖闾，得到了吴王的赏识。

公元前506年，孙武与伍子胥佐阖闾大举攻楚，直捣郢都(今湖北江陵西北)。孙武等人协助阖闾制订了一条出乎楚国意料的进军路线，即从淮河逆流西上，然后在淮右(今河南潢川西北)舍船登陆，再乘楚军北部边境守备薄弱的空隙，从著名的义阳三关，即武阳关、九里关、平靖关，直插汉水。吴军按照这一进军路线，顺利地到达汉水，进抵楚国腹地。吴军五战五胜，占领了楚的国都郢城，几乎灭亡楚国。在伍子胥、孙武的治理下，吴国的内政和军事都大有起色。

伟大的军事家——孙武

孙武聪慧睿智，机敏过人，有远大的抱负。通过勤奋学习，终成大器。后人尊称其为孙子、兵圣、百世兵家之师、东方兵学的鼻祖。

11 元代科学家——郭守敬

整理：吕晓璐 姜 健

郭守敬出生于顺德邢台。他聪明过人，喜欢读书，尤其对探究自然现象感兴趣，很小年纪就制作过一些小的天文仪器。

郭守敬幼承家学，攻研天文、算学、水利。他"生来就有奇特的秉性，从小不贪玩耍"，把心思都用到制作器具上。

郭守敬在十五六岁的时候就显露出科学才能。那时他得到了一幅"莲花漏图"。他对图样的制作方法作了精细的研究，把它弄得一清二楚。

祖父为了让孙儿开阔眼界，得到深造，曾把郭守敬送到自己的同乡老友刘秉忠门下学习。刘秉忠精通经学和天文学。郭守敬在那儿得到了很大的教益。更重要的是，还结识了一位好朋友王恂。王恂后来也成为一名杰出的数学家和天文学家。这对儿好朋友后来在天文历法领域亲密合作，作出了卓越的贡献。

郭守敬擅长制造仪器，创造和改进了简仪、仰仪、高表、候极仪、景符等13种天文仪器。很多仪器其设计

人物档案

姓　名：郭守敬
生卒年：1231 ～ 1316
籍　贯：顺德邢台（今河北邢台）
身　份：天文学家、数学家、水利专家
重大成就：著作《授时历》

的科学性和使用的准确性在当时世界上处于领先地位，大大提高了观测精度，对元、明时期天文研究的影响极为深远。郭守敬曾领导开展了全国范围的天文测量，并根据观测的结果，于公元 1280 年 3 月，制订了一部准确精密的新历法《授时历》。这部新历法设定一年为365.2425 天，比地球绕太阳一周的实际运行时间只差 26 秒。《授时历》比现行公历的确立要早 300 年。

　　郭守敬一生主要从事科学研究工作，他善于从别人的经验教训中吸取精华，取长补短，使自己的科学研究事业逐渐趋于完善。他从不满足前人的现成经验，敢于大胆探索，富有创新精神。由于他孜孜不倦、刻苦钻研、勤奋实干，所以在天文、历法、水利和数学等方面都取得了卓越的成就。国际天文学联合会将美国在月球上发现的一座环形山和太阳系国际编号为 2012 的小行星，均以郭守敬的名字来命名。

元代科学家——郭守敬

直击成功　　郭守敬在科学活动中，敢于大胆探索创新，细心观察客观事物的特点，掌握它们的发展规律，善于发现和总结劳动人民的发明创造，并在具体实践中运用和提高，成为我国历史上一位杰出的科学家。

12 造纸术的改进者——蔡伦

整理：吕晓璐 陈燕

　　蔡伦字敬仲,桂阳郡宋阳(今湖南宋阳)人。出身于普通农民家庭的蔡伦,从小聪明伶俐,很会讨人喜欢。永平末年(公元75年)蔡伦被选入洛阳宫内为太监,当时他才14岁。

　　他读书识字,成绩优异,位至黄门侍郎,主管宫内御用器物和宫廷御用手工作坊。蔡伦在宫中数十年,历事五朝,对工作谨慎负责,又很有才学,对中国的造纸事业起过重要作用。

　　史料曾记载,蔡伦"造意"(发明、创造)。但蔡伦"造意"之前,就有用麻类或丝类原料所造的纸,尽管这些纸难以用来写字,但至少是纸的雏形。蔡伦的"造意"应是改进选料,建立造纸术的工艺流程,是造纸术的发明和改进,而不是纸的创造。据《东观汉纪》记载,蔡伦曾任尚书令,主管造纸工作。在此期间,他总结西汉以来的造纸经验,改进造纸工艺,利用树皮、碎布(麻布)、麻头、旧渔网等原料精制出优质纸张,于元兴元年(公元105年)奏报朝廷,受到

人物档案

姓　名：蔡伦
生卒年：61~121
籍　贯：桂阳郡宋阳(今湖南宋阳)
身　份：古代"四大发明"中造纸术的改进者
重大成就：改进了西汉时的造纸术,发明了"蔡侯纸"

称赞,造纸术也因此而得到推广。公元94~125年,蔡伦继续受到重用,被封为"龙亭侯"（封地在今陕西洋县）,从此进入贵族行列,由他监制的纸被称为"蔡侯纸"。

据《后汉书·蔡伦传》记载,蔡伦主管尚方期间,每有空闲,他就闭门谢客,亲自到作坊进行技术调查,学习和总结工匠们多年积累的丰富经验,再加上他自己的创新,对发展当时的金属冶炼、铸造、锻造及机械制造工艺起到了不小的推动作用。

蔡伦对工艺技术最突出的贡献还是在造纸方面,大致可从三个角度来评述。第一,组织并推广了高级麻纸的生产和精工细作,促进了造纸术的发展。第二,促进纸生产在东汉创始并发展兴旺。第三,因受命于邓太后监典内廷所藏经传的校订和抄写工作而形成了大规模用纸高潮,使纸本书籍成为传播文化的最有力工具。

造纸术是我国古代科学技术的"四大发明"（指南针、造纸术、印刷术、火药）之一,是中华民族对世界文明作出的一项十分宝贵的贡献,大大促进了世界科学文化的传播和交流,深刻地影响着世界历史的进程。

造纸术的改进者——蔡伦

直击成功　　　蔡伦善于总结前人的经验,在此基础上,以树皮、麻头、破布、旧渔网为原料,制造出便于书写、质地良好的纸。蔡伦是一个聪颖好学、勇于实践的发明家,为我国古代科学技术的发展作出了巨大贡献。

13 人民的好书记——焦裕禄

整理：吕晓璐 赵翠婷

焦裕禄出生于一个贫农家庭，幼时只读了几年书。日伪统治时期，焦裕禄被抓劳工送到抚顺矿当苦工，后又给地主当长工。1946 年 1 月加入中国共产党，同年 3 月参军到了河南，历任尉氏县副区长、区长，区委副书记，青年团县委副书记及团地委宣传部长、副书记等职。1962 年 12 月任兰考县委第二书记、书记。

兰考县是个饱受风沙、盐碱、内涝之患的老灾区。焦裕禄踏上兰考土地的那一年，正是这个地区遭受 3 年自然灾害较严重的一年，全县粮食产量下降到历年最低水平。为改变兰考面貌，他从第二天起，就深入基层调查研究。焦裕禄在一年多的时间里，拖着患有慢性肝病的身体，跑遍了全县 140 多个大队中的 120 多个。他调查总结群众的抗灾救灾经验，在全县推广"韩村的精神，秦寨的决心，赵垛楼的干劲，双杨树村的道路"。

焦裕禄身先士卒，以身作则。风沙最大的时候，他

姓　名：焦裕禄
生卒日：1922.8.16~1964.5.14
籍　贯：山东博山崮山乡北崮山村
身　份：中共兰考县委书记，革命烈士
重大成就：治理兰考县内涝、风沙、盐碱三害

带头去查风口，探流沙；大雨倾盆的时候，他带头蹚着齐腰深的洪水察看灾情；大雪纷飞的时候，他率领干部访贫问苦，登门为群众送救济粮款。他经常同普通农民同吃同住同劳动。他把群众同自然灾害斗争的宝贵经验一点一滴地集中起来，成为全县人民战胜灾害的有力武器。

　　焦裕禄常说，共产党员应该在群众最困难的时候，出现在群众的面前；在群众最需要帮助的时候，去关心群众、帮助群众。他的心里装着全县的干部群众，唯独没有他自己。他经常肝部痛得直不起腰、骑不了车，即使这样，他仍然用手或硬物顶住肝部，坚持工作、下乡，直至被强行送进医院。

　　1964年春天，焦裕禄病情恶化，地委负责同志劝他住院治疗，他说工作忙离不开，不去住院。医生开了药方，他嫌药贵不肯买，当他躺在病床上时，仍在思考如何撰写改变兰考面貌的文章。在生命的最后一息，他仍然惦记着张庄的沙丘封住了没有，赵家楼的庄稼淹了没有，秦寨的盐碱地上麦子长得怎么样，老韩陵地里的泡桐树栽了多少……他临终前对组织上唯一的要求，就是死后"把我运回兰考，埋在沙堆上。活着我没有治好沙丘，死了也要看着你们把沙丘治好。"1966年2月1日，河南省人民政府授予他革命烈士称号。

直击
成功

　　　　　直到生命的最后一刻，焦裕禄始终保持人民公仆的本色，想的仍然是人民群众的幸福安康，充分体现了共产党人立党为公、执政为民的崇高风范。焦裕禄同志用自己的实际行动，塑造了一个优秀共产党员和优秀县委书记的光辉形象，铸就了亲民爱民、艰苦奋斗、科学求实、迎难而上、无私奉献的焦裕禄精神。

14 抗洪英雄——李向群

整理：吕晓璐 周绍琛

李向群出生于海南省琼山市东山镇，这里曾是著名的琼崖革命根据地，李向群从小就受到革命传统的熏陶。

伴随着改革开放，他的家庭经历了从穷到富的变迁。虽有百万家产，但为追求崇高的人生理想，李向群毅然选择了参军之路，终于在 1996 年 12 月光荣入伍，成为了一名战士。李向群入伍以后，下决心刻苦学好本领，做一名优秀战士。他参军不久就写了一份决心书，给自己提出了很高的训练目标：5 公里越野达到优秀；400 米障碍跑达到良好；投弹达到优秀；射击达到良好。通过艰苦的努力李向群实现了自己提出的训练目标，1997 年上半年考核时，他的训练成绩在全营新兵中名列第一，受到嘉奖一次；1997 年年终考核，他又获得军事训练满堂红，并被评为优秀士兵。

在部队里，他由一名普通青年成长为合格战士、优秀士兵和光荣的中国共产党党员。在军营大熔炉中不断冶炼的李向群，思想和行动变得更加理性。1998 年夏，

人物档案

姓　名：李向群
生卒日：1978.10.22~1998.8.22
籍　贯：海南琼山
身　份：抗洪英雄
重大成就："新时期英雄战士"荣誉称号

从南到北，从长江到松花江，我国发生了历史上罕见的洪水灾害。灾区人民奋起抗洪，全国人民无私支援，特别是解放军和武警官兵闻水而动，火速赶往灾区，扛沙包堵决口，用汗水、用鲜血，甚至用自己的生命与洪魔搏斗，谱写了一曲曲惊天地、泣鬼神的抗洪之歌。1998年8月5日，李向群随部队赴湖北荆州抗洪抢险，14日在抗洪抢险一线光荣地加入了中国共产党。在公安县南平镇的抗洪保卫战中，他带病坚持抢险，先后4次晕倒在大堤上，被送进医院抢救醒来后，拔掉输液的针头上堤战斗，终因劳累过度，抢救无效，于1998年8月22日壮烈牺牲，年仅20岁，军龄20个月，党龄8天。正像他生前所说："一个人的能力有大小，但只要为人民勇于牺牲奉献，就是一个有价值的革命军人。"

李向群是继雷锋之后，我军涌现出的又一个具有鲜明时代特征的先进典型。江泽民主席称赞李向群"用生命谱写了壮丽的人生凯歌"，还签署中央军委命令授予李向群"新时期英雄战士"荣誉称号，并于1999年3月18日亲笔题词："努力培养和造就更多李向群式的英雄战士"。

抗洪英雄——李向群

直击成功　李向群有着崇高的人生理想，家富不忘报效国家。他舍生忘死，为保卫人民的生命财产安全，保卫现代化的社会主义强国大业，用生命谱写了壮丽的人生凯歌，成为"新时期英雄战士"。

15 "冠于百王"的皇帝——汉武帝

整理：吕晓璐 宋萍

汉武帝刘彻是汉朝第七位皇帝，中国古代伟大的政治家、战略家。

汉武帝的雄才大略、文治武功使汉朝成为当时世界上最强大的国家，他也因此成为中国历史上伟大的皇帝之一。汉武帝即位之初，一方面政治形势比较稳定，国家经济状况也相对较好，另一方面诸侯国的分裂因素依然存在，潜在威胁还不小。所以，他在继续推行景帝各项政策的同时，采取了一系列强化中央集权的措施。

在政治方面，汉武帝采纳主父偃的建议，颁布"推恩令"，削弱汉初分封的诸侯国势力，加强中央集权和监察制度，进行重大改革与创制，建立了一套系统完整的政治制度。

改革兵制。派卫青、霍去病出击匈奴，使北部边郡得以安定。派张骞出使西域，开拓了西北边疆，开通了西汉联系西域以至中亚等地的通道。

人物档案

姓　名：刘彻
生卒年：公元前 156~ 公元前 87
籍　贯：长安
身　份：汉朝第七位皇帝
重大成就：开创大汉盛世

在经济方面，采取重农轻商，整顿财政，颁布"算缗"、"告缗"令，征收商人资产税，打击奸商；又采取桑弘羊的建议，将冶铁、煮盐收归官营，禁止郡国铸钱，统一铸造五铢钱；设置平准官、均输官，由官府经营运输和贸易，大大增强了国家的经济实力。同时兴修水利，移民西北屯田，实行"代田法"，有利于农业生产的发展。

在思想方面，采纳董仲舒"罢黜百家，独尊儒术"的建议，大力推行儒学，在长安设太学，使儒家学说成为中国封建统治的正统思想，一直延续了两千多年，对后世的政治、社会、文化产生了深远的影响。

汉武帝非常注重人才的开发，他确立了察举制度选拔人才，对后世影响很大。汉武帝还进行了人类历史上第一次人口统计。

汉武帝对外采取软硬兼施的手段，解除了匈奴的威胁，夺回河套和河西走廊地区，扩大了西域版图，将匈奴置于被动称臣的境地，保障了北方经济文化的发展。开通了著名的丝绸之路，进一步加强了与西域的联系，增进了中西经济文化的交流。在东北方，他派兵灭卫氏朝鲜（今朝鲜北部），设立乐浪、玄菟、临屯、真番四郡，汉帝国的版图至此基本成形。又使南方的夜郎、南越政权归附汉朝，在西南先后设立了七个郡，最南端超过今天越南胡志明市，这也使得今天的两广地区自秦朝后重归中国版图。

直击成功　　汉武帝具有雄才大略，创造了六个"第一"：第一个用儒家学说统一思想的皇帝；第一个创立太学培养人才的皇帝；第一个大力拓展中国疆土的皇帝；第一个开通西域的皇帝；第一个用皇帝年号做纪元的皇帝；第一个用罪己诏形式进行自我批评的皇帝。汉武帝通过一系列政治、思想、军事、经济、文化等手段巩固了政权，推动了中国古代历史的发展。

16 开创"贞观盛世"的皇帝——唐太宗

整理：吕晓璐 宋萍

李世民是唐朝的第二位皇帝，即唐太宗。

李世民运筹帷幄，决胜千里，辅助李渊推翻隋朝，创立唐朝，历经数次战役，统一边疆，取得了战争的胜利。李世民用他卓越的军事才能，为唐代的建立和发展作出了巨大贡献。

唐太宗李世民在位 23 年，执政期间任人唯贤，知人善用；广开言路，虚心纳谏，重用魏征等人；实行了以农为本、减轻徭赋、休养生息、厉行节约、完善科举制等政策，使唐朝经济发展，社会安定，政治清明，人民富裕安康，出现了空前的繁荣。由于他在位时年号为贞观，所以人们把他统治的这段时期称为"贞观之治"。"贞观之治"是我国历史上最为璀璨夺目的时期。

唐太宗重民生，吸取隋朝灭亡的教训，非常重视老百姓的生活。他强调以民为本，常说"民，水也；君，舟也。水能载舟，亦能覆舟。"太宗即位之初，下令轻徭薄赋，让老百姓休养生息。

唐太宗广泛纳谏，在他

人物档案

姓　　名：李世民
生卒年：599 ~ 649
籍　　贯：赵郡隆庆（今河北隆尧）
身　　份：唐朝第二位皇帝、政治家
重大成就：开创"贞观之治"

在位的 20 多年里，进谏的官员不下 30 余人，其中大臣魏征一人所谏 200 余事，数十万言，皆切中时弊，对改进朝政很有帮助。

唐太宗十分注重人才的选拔，严格遵循德才兼备的原则。他认为只有选用大批具有真才实学的人，才能达到天下大治。因此他求贤若渴，曾先后 5 次颁布求贤诏令，增加科举考试的科目，扩大应试的范围和人数，以便使更多的人才显露出来。由于唐太宗重视人才，贞观年间涌现出了大量的优秀人才，可谓"人才济济，文武兼备"。正是这些栋梁之才用他们的聪明才智为"贞观之治"作出了巨大的贡献。

唐太宗还十分注重法治，他曾说："国家法律不是帝王一家之法，是天下都要共同遵守的法律，因此一切都要以法为准。"法律制定出来后，唐太宗以身作则，带头守法。由于太宗的苦心经营，贞观年间法制情况很好，犯法的人少了，被判死刑的更少。据载，贞观三年（公元 629 年）全国判死刑的才 29 人，几乎达到了封建社会法制的最高标准——"刑措"，即可以不用刑罚。

以民为本的思想，广开言路、虚怀纳谏的胸襟，重用人才、唯才是任的准则，铁面无私、依法办事的气度，使唐太宗统治时期成为封建治世最好的榜样。唐朝在当时与西方国家相比，无论在政治、经济，还是文化上，都走在世界的最前列。

开创「贞观盛世」的皇帝——唐太宗

直击成功

开明的唐太宗，运筹帷幄，决胜千里；明于知将，选拔良才；任人唯贤，知人善用；广开言路，虚心纳谏，厉行节约，使百姓休养生息，终于使社会出现了国泰民安的局面，为后来全盛的"开元盛世"奠定了重要的基础，将中国传统农业社会推向鼎盛时期。

17 令敌人胆寒的抗日英雄——杨靖宇

整理：吕晓璐 葛英春

杨靖宇，原名马尚德，1905年2月出生于河南省确山县李湾村一个农民家庭。1923年考入开封纺织工业学校，在校期间，受到中国共产党和共产主义青年团组织的培养，积极参加革命活动，并于1927年加入中国共产党。

杨靖宇将军在1937年卢沟桥事变后，率领部队在通化、临江一带开展抗日斗争，给敌伪军以沉重打击，有力地支援了关内的抗日斗争。

1938年冬天，杨靖宇将军率第一路军一部一千四百多人，进入长白山密林中。第二年，部队在蒙江县境内与敌人战斗时受到重大损失，只剩四百多人。

1940年1月，为解决部队给养问题，杨靖宇将军命令部队主力北上，自己带领一支小分队东进。经过几场战斗后我军伤亡惨重，杨靖宇将军孤身一人坚持与敌人周旋。2月23日，杨靖宇将军遇到了4名中国人，便给了其中一人一些钱，请他帮忙买些食物和棉鞋。没有想

姓　名：杨靖宇
生卒日：1905.2.26~1940.2.23
籍　贯：河南省确山县
身　份：抗日民族英雄
重大成就：被评为100位为新中国成立作出突出贡献的英雄模范之一

到，那个人把将军的情况泄露给日伪当局。日本关东军包围了杨靖宇将军，并紧急召集由抗联叛徒组成的伪满特工队参战。经过数小时激战，杨靖宇将军被叛徒机枪点射命中要害，壮烈殉国。

为弄清杨靖宇将军几天来坚持战斗的原因，日军残忍地解剖了将军的尸体，竟然发现他是以军大衣中的棉花、树上的树皮、雪下的草根为食。残暴的侵略者见此情景也深感震惊，被他这种坚强的意志折服了。

令敌人胆寒的抗日英雄——杨靖宇

直击成功 有坚定的马克思主义信仰是杨靖宇将军投身革命、不怕困难和牺牲、坚持与敌人进行斗争的强大精神支柱。长期艰苦的革命斗争，锤炼了杨靖宇将军坚强的意志和顽强的毅力。即使是敌人，也不得不为他的革命精神所震惊和折服。他是我们中华民族的楷模。

18 伟大的国际共产主义战士——白求恩

整理：吕晓璐 葛英春

白求恩出生于一个牧师家庭。受祖父的影响，白求恩从小就立志要成为一名外科医生。

1916年，26岁的白求恩毕业于多伦多大学医学院，获得博士学位。在第一次世界大战中，白求恩参加了加拿大军队的战地救护队来到法国，在英国军舰和加拿大飞行队里当过医官。大战结束后，白求恩潜心研究医术，20世纪30年代他已成为驰名欧美的胸外科专家。

1935年11月，白求恩加入了加拿大共产党。第二年，德、意法西斯入侵西班牙，他毅然放弃在加拿大优厚的待遇和舒适的生活，率医疗队奔赴马德里前线。中国的抗日战争全面爆发后，他受加拿大共产党和美国共产党的派遣，带着大量医疗器材率医疗队来到中国。

1938年3月底到达延安后，白求恩即率领医疗队奔赴抗日前线。到达晋察冀边区后方医院后，第一周他就

人物档案

姓　名：诺尔曼·白求恩
生卒日：1890.3.3~1939.11.12
国　籍：加拿大
身　份：国际共产主义战士、胸外科医师
重大成就：胸外科医术在医学界享有盛名

检查了 520 个伤员，第二周开始就为伤员做手术。为了能及时抢救伤员，他总是把救护所设在离前线较近的地方，废寝忘食地工作，从不顾及个人安危。在河间、齐会战斗中，他的手术室就设在离前线只有几里地的一座小庙里。日寇的炸弹炸塌了庙墙，但白求恩岿然不动，连续工作了 69 个小时，直到为 115 名伤员做完手术才转移。为了挽救伤员的生命，白求恩曾几次献血，并愉快地称自己是万能输血者，因为他是 O 型血。

白求恩大夫不仅有高超的医疗技术，还有着出色的组织能力。为了适应战争环境，方便战地救治，他组织制作了可以一次装载做 100 次手术、换 500 次药和配制 500 个处方所用的全部医疗器械和药品的"卢沟桥药驮子"。他还提议开办卫生材料厂，创办卫生学校。

1939 年 10 月，日军发动了大规模"冬季扫荡"。在摩天岭前线，战斗非常激烈，白求恩坚持做完最后一例手术，才放心地撤离。在这次手术中，他的左手中指被手术刀割破。几天后，在为一名危重伤员做手术时，白求恩的伤口受了感染，后来因伤势恶化，转为败血症，医治无效，于 11 月 12 日凌晨在河北省唐县黄石口村逝世，年仅 49 岁。

白求恩大夫逝世后，毛泽东同志专门撰写了《学习白求恩》一文，高度赞扬了他的共产主义、国际主义精神。

伟大的国际共产主义战士——白求恩

直击成功 白求恩大夫是一位伟大的国际共产主义战士，他的一生洋溢着崇高的自我献身精神，他的事迹感人至深。他那种毫不利己专门利人的精神、对工作极端负责的精神、对同志对人民的极端热忱，十分值得我们学习。我们要努力像他一样，做"一个高尚的人，一个纯粹的人，一个有道德的人，一个脱离了低级趣味的人，一个有益于人民的人"。

19 唐代科学家——僧一行

整理：吕晓璐 赵翠婷

 僧一行俗名张遂，青年时期出家当了和尚，一行是他的法名。他在青少年时期就刻苦好学，掌握了渊博的知识。他曾经到长安城内藏书很多的元都观借书阅览。他为了学习数学知识，又徒步跋涉几千里，寻访名人请教。这种学习精神，使一行青年时期就以精通天文、历法而出名。

 717年，一行从其隐居的荆州当阳山佛寺来到京都长安，担任唐玄宗的顾问，主要致力于天文研究和历法改革。721年，唐玄宗命令一行主持修订新历法。一行继承了我国天文学的优良传统，主张在实测日月五星运行情况的基础上编制新历。为此，他和机械专家梁令瓒一起，依靠一批工匠，创制了黄道游仪、水运浑天仪等大型天文观测仪器和演示仪器，为修订新历准备了物质技术条件。

 仪器制成后，开元十二年（公元724年），一行发起和组织了一次大规模的天文测量活动。测量内容包括

人物档案

姓　名：僧一行
生卒年：673 ~ 727
籍　贯：邢州巨鹿人（今河南濮阳邢台市）
身　份：数学家、科学家、天文学家
重大成就：编写《大衍历》，完成了世界上子午线长度的测量

二分（春分、秋分）、二至（冬至、夏至）、正午时分八尺之竿（表）的日影长、北极高度（天球北极的仰角）以及昼夜的长短等等。

在大规模实地观测和吸收前人研究成果的基础上，一行于725年开始制订新历，到727年完成初稿，取名"大衍历"。可惜就在这一年，一行与世长辞了。他的遗著经张说、陈玄景等人整理，共五十二卷。

大衍历最突出的贡献是比较正确地掌握了太阳在黄道上视运行速度变化的规律。一行通过测算提出：太阳在冬至运行速度最快，以后逐渐慢下来，到夏至最慢，夏至以后的情况和夏至前的情况相反。一行的认识比较符合实际。一行进一步创造了不等间距的二次内插法公式，不仅对天文计算有重要意义，而且在世界数学发展史上也具有一定的意义。大衍历一直沿用到明朝末年，可见其在我国历法上的重要地位。

唐代科学家——僧一行

直击成功　　　僧一行从小就刻苦好学，掌握了渊博的知识，为以后在天文学和大地测量学方面的科学研究奠定了坚实的基础。为了编写大衍历，他善于继承前人的优良传统，设计测量工具进行实际测算，发动和组织了大规模的全国天文大地测量，推动了我国古代天文学的研究。

20 东方医学的集大成者——李时珍

整理：吕晓璐 赵翠婷

李时珍出身于一个医学世家。受家庭环境影响，李时珍从小就对医药学产生了浓厚的兴趣，25岁时，正式行医。

在行医的十几年中，李时珍阅读了大量的医药书籍。他发现这些书中有很多缺点：许多有用的药材没有记载；有的药材记错了药性和药效；有的药材只记了名称，没有说明形状和生长情况。于是，他决定编写一本新的医药学书籍，以纠正并整理前代及当代药物学的零散资料。

《本草纲目》的编写，从1552年开始，到1578年完成，前后历时27年。期间，李时珍用了十五六年的时间，广泛搜集资料，总结前人的经验教训。有一次，李时珍进山采药，看到漫山遍野开着一种黄色的山花。他忙向路边的樵夫询问，得知此花叫"曼陀罗"，俗称"洋金花"。樵夫还告诉他，有人曾把它的种子用酒冲服，结果那个人在很长时间里狂笑不止。又据服用过这种花的种子的人说，吞服之后，精神恍惚，好像喝醉了酒一

人物档案

姓　名：李时珍
生卒年：1518~1593
籍　贯：蕲州（今湖北蕲州）
身　份：医学家、药物学家
重大成就：著有《本草纲目》

样，自己笑了也不知道，还觉得挺舒服的。

李时珍听了之后，心中一动：莫非失传多年，由东汉名医华佗配制的"麻沸散"就是用洋金花做的原料？他马上采了一捆，带回寓所。经过反复试验，他发现这种花的确具有麻醉作用，失传多年的"麻沸散"的秘密终于被揭开了。后来，李时珍在他编撰的《本草纲目》中记载：洋金花主治"诸风及寒温脚气，煎汤洗之。又主治惊痫及脱肛，并如麻药"。

为了发现并采集新的药材，李时珍头戴竹笠，身背药囊，踏遍两湖、两广、安徽、河北、江西、江苏等地。他披荆斩棘，攀悬崖，临绝壁，采集了许多珍贵的药物标本，并经过实地考证纠正了医药书籍上的很多错误。此外，他还向农民、猎户、樵夫、药农，甚至贩夫走卒请教，积累了丰富的第一手资料。

有一次在野外，李时珍品尝药材时中毒，全身浮肿，不能行动，他躺在地上仰望蓝天白云，慢慢地等死。突然一阵风吹来，身旁一棵小树飘下许多叶子，有几片正好落在他嘴边。他索性咀嚼起来，没想到不久中毒的症状就消失了。他仔细研究那棵小树，得知那是棵茶树。为了再次验证茶叶是否能解毒，李时珍冒着生命危险，再次品尝有毒的药物，并再次咀嚼茶叶。果然，毒又被解了。从而，他得出了茶叶能解毒的结论。

李时珍集毕生心血，三易其稿，历经 27 载，终于编写出了中国科技史上的伟大著作《本草纲目》。这本书共 52 卷，记载药物 1892 种，还附有大量插图，记录了 1.1 万个药方，是中国古代记载药物最多、分类解释最为细致的医药学巨著，对后世药物学的发展具有重要意义。

直击成功　　李时珍用 27 年的时间编写了《本草纲目》，三易其稿方成书，如果没有刻苦自励的精神，是绝对做不到的。另外，李时珍不辞辛苦，为保证记载翔实，经常对药材进行实地考察和试验，极大地丰富了传统中草药的内容，这种求实创新的精神是他成功的又一法宝。

东方医学的集大成者——李时珍

21 中国航天之父——钱学森

整理：吕晓璐 徐 宏

钱学森出生于上海，从12岁进入北京师范大学附属中学开始，他就立下了要用所学的科技知识报效国家的志向。18岁考入上海交通大学机械工程系机车制造专业。后来，受到淞沪抗战中中国军队航空力量太弱的刺激，他决心改变自己的专业方向，努力掌握飞机制造的尖端技术。

1934年，23岁的钱学森进入美国麻省理工学院航空系和美国加州理工学院航空系学习。先后获得航空工程硕士学位和航空、数学博士学位。28岁时就成为世界知名的空气动力学家。

尽管在美国有着优厚的工作和生活待遇，然而功成名就的钱学森却始终关心着祖国的发展。1955年10月，钱学森终于冲破种种阻力回到祖国。回国后，参与筹建中国科学院力学研究所，并出任该所首任所长。不久，他就全面投入到中国的火箭和导弹研制工作中。1956年初，钱学森向中共中央、国

人物档案

姓 名：钱学森
生卒日：1911.12.11~2009.10.31
籍 贯：浙江杭州
身 份：中国科学院、中国工程院院士
重大成就：我国航天科技事业的先驱和杰出代表，近代力学和系统工程理论与应用研究的奠基人和倡导人

务院递交《建立我国国防航空工业的意见书》，对发展我国的导弹事业提出了长远规划。同年，国务院、中央军委根据他的建议，成立了航空科学研究领导机构——航空工业委员会，并任命他为委员。同年，钱学森受命组建中国第一个火箭、导弹研究机构——国防部第五研究院并担任首任院长。

从那时开始，钱学森长期担任火箭、导弹和航天器研制的技术领导职务，对中国火箭、导弹和航天事业的发展作出了重大贡献，赢得了"中国航天之父"的美誉。他主持完成了"喷气和火箭技术的建立"规划，参与了近程导弹、中近程导弹和中国第一颗人造地球卫星的研制，直接领导了用中近程导弹运载原子弹的"两弹结合"试验，参与制订了中国第一个星际航空的发展规划，发展建立了工程控制论和系统学等。

钱学森是举世公认的人类航天科技的重要开创者和主要奠基人之一，是工程控制论的创始人，是 20 世纪应用数学和应用力学领域的领袖人物，被称为中国近代力学和系统工程理论与应用研究的奠基人。他在空气动力学、航空工程、喷气推进、工程控制论、物理力学等科学技术领域作出了开创性贡献，著有《工程控制论》、《论系统工程》、《星际航行概论》等。

钱学森曾获中科院自然科学奖一等奖、国家科技进步奖特等奖、小罗克韦尔奖章和"世界级科学与工程名人"称号，"国家杰出贡献科学家"荣誉称号，"两弹一星"功勋奖章。

直击成功　　在钱学森心里，国为重，家为轻，科学最重，名利最轻。放弃国外优厚的待遇辗转回国，钱学森以中国科学家严谨和勤奋的科学态度在航天领域为人类的进步作出卓越的贡献。5 年归国路，10 年两弹成。他是科学的旗帜，是中国知识分子的典范。

22 铁 人——王进喜

整理：吕晓璐 徐 宏

　　王进喜出生于甘肃省玉门县一个贫苦的农民家庭。15 岁时进旧玉门油矿当童工，年龄虽小，却干着和大人一样的重活，还经常挨工头的打骂。王进喜常因反抗而受到惩罚。师傅知道后，给他讲骆驼"攒劲"的故事，告诉他要讲究斗争方法，培养"耐力"。正是这苦难的经历和恶劣的生存环境，练就了他刚毅坚韧、倔强不屈的性格。

　　玉门解放后，王进喜成为新中国第一代钻井工人。他勤快、能吃苦，各种杂活抢着干。1956 年 4 月 29 日，王进喜光荣地加入中国共产党。入党不久，王进喜担任了贝乌 5 队队长，带领贝乌 5 队创出了月进尺 5009.3 米的全国钻井最高纪录。石油工业部在新疆克拉玛依召开现场会，余秋里部长、康世恩副部长把一面"钻井卫星"红旗颁发给他，贝乌 5 队被命名为"钢铁钻井队"，王进喜被誉为"钻井闯将"。

　　1959 年 9 月，王进喜出席甘肃省劳模会，被选为建国 10 周年国庆观礼代表和全国"工交群英会"代表。休会期间，王进喜参观首都"十大建筑"，看到行驶的公共

人物档案

姓　　名：王进喜
生卒日：1923.10.8 ～ 1970.11.15
籍　　贯：甘肃省玉门县赤金堡
身　　份：中国石油工人
重大成就：石油战线的杰出代表

汽车上背着"煤气包"，才知道国家缺油，他感到这是一种莫大的耻辱，这位坚强的西北汉子蹲在街头哭了起来。从此，这个"煤气包"成为他为国分忧、为民族争气的动力之源。

1960年2月，东北松辽石油大会战打响。面对极端困难和恶劣的环境，王进喜带领1205钻井队恨不得一拳头砸出一口油井来，把"贫油落后"的帽子甩到太平洋里去。没有吊车和拖拉机，汽车也不足，王进喜带领工人用撬杠撬、滚杠滚、大绳拉的办法，"人拉肩扛"把钻机卸下来，仅用4天时间，把40米高的井架竖立在茫茫荒原上。没有打井用的水，王进喜组织职工到附近的水泡子破冰取水，带领大家用脸盆端、水桶挑，硬是靠人力端水50多吨，保证了按时钻井。首创5天零4小时打一口中深井的纪录。

1205钻井队准备往第二口井搬家时，王进喜右腿被砸伤，他仍然坚持工作。由于地层压力太大，第二口井打到700米时发生了井喷。危急关头，王进喜不顾腿伤，扔掉拐杖，带头跳进泥浆池，用身体搅拌泥浆，最终制服了井喷。

房东大娘看到王进喜整天领着工人没有白天黑夜地干，饭做好了也不回来吃，感慨地说："你们的王队长可真是个铁人啊！" 1960年4月29日，"五一"万人誓师大会上，王进喜成为石油大会战树立的第一个典型，成为大会战的一面旗帜。

铁人——王进喜

直击成功 王进喜是吃苦耐劳的实干家，也是科学求实的典范。在科技领域，他以"识字搬山"的意志克服意想不到的困难，刻苦学习，带领工人们以创造性的劳动，创出一个又一个优异的成绩。他甘当党和人民的"老黄牛"，为我们树立了廉洁奉公、无私奉献的公仆形象。

23 两弹元勋——邓稼先

整理：吕晓璐 徐 宏

邓稼先出生于安徽省怀宁县。他5岁入小学，在父亲的指点下打下了很好的中西文化基础。

于1947年通过了赴美研究生考试，翌年秋进入美国印第安纳州的普渡大学研究生院。由于他学习成绩突出，不足两年便修满学分，并通过博士论文答辩。此时他只有26岁，人称"娃娃博士"。

1950年，邓稼先在美国获得博士学位后，毅然回国，来到中国科学院近代物理研究所任研究员。在北京外事部门的招待会上，有人问他带了什么回来。他说："带了几双眼下中国还不能生产的尼龙袜子送给父亲，还带了一脑袋关于原子核的知识。" 此后的八年间，他进行了中国原子核理论的研究。1956年，邓稼先加入了中国共产党。

1958年秋，邓稼先义无反顾地参加必须严格保密的原子弹研制工作。从此，邓稼先的名字便在刊物和对外联络中消失，他的身影只出现在警卫森严的深院和大漠戈壁。

中国研制原子弹正值三

姓 名：邓稼先
生卒日：1924.6.25~1986.7.29
籍 贯：安徽省安庆市怀宁县
身 份：中国科学院院士、核物理学家
重大成就：中国"两弹"元勋，中国原子弹之父

年困难时期，尖端领域的科研人员虽有较高的粮食定量，但因缺乏油水，仍经常饥肠辘辘。邓稼先从岳父那里能多少得到一点粮票支援，却都用来买饼干之类的东西，在工作紧张时与同事们分享。

邓稼先不仅在科研院所里费尽心血，还经常到飞沙走石的戈壁试验场工作。他冒着酷暑严寒，在试验场度过了整整8年的单身汉生活。15次在现场领导核试验，从而掌握了大量的第一手材料。1964年10月，中国成功爆炸的第一颗原子弹，就是由他最后签字确定的设计方案。他还率领研究人员在试验后迅速进入爆炸现场采样，以证实效果。随后他又同于敏等人投入对氢弹的研究。最后终于制成了氢弹，并于原子弹爆炸两年零八个月后试验成功。这同法国用8年、美国用7年、苏联用10年的时间相比，创造了世界上最快的研制速度。

1972年开始，邓稼先先后担任核武器研究院副院长、院长。1984年，他在大漠深处指挥中国第二代新式核武器试验成功。1986年7月16日，国务院授予他全国"五一"劳动奖章。同年7月29日，邓稼先去世。他临终前留下的话仍是如何在尖端武器方面努力，并叮咛："不要让人家把我们落得太远……"

两弹元勋——邓稼先

直击成功　　邓稼先是中国知识分子的优秀代表，为了祖国的强盛，为了国防科研事业的发展，他毅然放弃国外舒适的生活，甘当无名英雄，默默无闻地奋斗了数十年。他常常在关键时刻，不顾个人安危，出现在最危险的岗位上，充分体现了他崇高无私的奉献精神。

24 伟大的普通战士——雷锋

整理：吕晓璐 徐 宏

雷锋，伟大的共产主义战士，中国人民解放军全心全意为人民服务的楷模。

雷锋生于湖南省望城县一个贫穷的农民家庭。7岁成为孤儿，在穷乡亲的拉扯下，挣扎着活了下来。

1949年8月，雷锋的家乡解放后，雷锋从此走出了痛苦的生活。在党和人民政府的关怀下幸福地成长，他参加儿童团，进小学读书，并加入了中国共产主义少年先锋队。1956年，雷锋小学毕业后参加了工作。先后在乡政府当通讯员和中共望城县委当公务员。他工作积极，埋头苦干，被县委机关评为"工作模范"。1957年2月，雷锋加入中国共产主义青年团。此后，他相继在望城县沩水工程指挥部、团山湖农场和辽宁鞍山钢铁公司化工总厂当拖拉机手和推土机手，工作出色，多次被评为"红旗手"、"劳动模范"、"先进生产者"和"社会主义建设积极分子"。

1960年1月8日，雷锋应征入伍，同年11月加入中国共产党。在部队的培养教

人物档案

姓　名：雷锋
生卒日：1940.12.18~1962.8.15
籍　贯：湖南省望城县
身　份：中国人民解放军战士
重大成就：二等功一次、三等功三次、抚顺市人大代表

育下，他进一步提高了政治觉悟，牢固地树立了全心全意为人民服务的思想和为共产主义奋斗终生的远大目标。他不忘阶级苦，懂得"怎样做人，为谁活着"，忠于党、忠于人民、忠于祖国、忠于社会主义；以"钉子"精神刻苦学习毛泽东著作和科学文化知识，不断提高为人民服务的本领；以甘当"螺丝钉"的精神，干一行、爱一行、钻一行，在平凡的岗位上做出了不平凡的事迹。连队分配他当汽车兵，他努力钻研驾驶技术，成为一名合格的汽车驾驶员。担任班长后，大胆管理，模范带头，带领全班成为部队先进集体。他热爱集体，关心战友，关心群众，把"毫不利己、专门利人"看成是人生最大的幸福和快乐，并身体力行，认真实践，"把有限的生命投入到无限的为人民服务之中去"。他把自己省吃俭用存起来的钱，寄给受灾人民，送给有困难的战友。他经常在节假日和休息时间到部队驻地附近的车站扶老携幼，迎送旅客。他出差时，一上火车就为旅客端茶送水，打扫卫生。他曾担任校外辅导员，以自己的模范行动影响和激励少年一代健康成长。他谦虚谨慎，从不自满自炫，受到赞誉不骄傲，做了好事不留名。

　　1962 年 8 月 15 日，雷锋同志在执行运输任务时不幸因公殉职。雷锋在部队生活的两年多时间内，被授予中士军衔，荣立二等功一次，三等功三次，受嘉奖多次，被评为"模范共青团员"、"节约标兵"，被选为抚顺市人民代表大会代表。

直击成功　　雷锋在平凡的岗位上做出了不平凡的事迹。他全心全意为人民服务的思想和行为影响了一代又一代人。毛泽东亲笔题词："向雷锋同志学习"。此后，在全国人民特别是青少年中掀起了向雷锋学习的热潮。此后，每年 3 月 5 日便成了全民学雷锋的日子。

25 回族抗日英雄——马本斋

整理：吕晓璐 赵翠婷

马本斋出生于河北省献县的一个回族农民家庭。六七岁开始放羊，十六七岁随父闯关东，后来进奉系军阀张作霖开办的军事学校学习，30岁成为"胶东王"刘珍年手下最年轻的团长。后来由于看不惯军阀作风，解甲归田。

全国抗战爆发后，马本斋在家乡组织回民义勇队奋起抗日。1938年马本斋率部参加八路军，改编为冀中军区回民教导总队，任总队长。次年教导总队改称冀中军区回民支队，马本斋任司令员。从1937年至1944年，马本斋率部队经历大小战斗870余次，歼灭日伪军3.6万余人，打得敌人闻风丧胆。由于作战勇猛，身先士卒，马本斋在回民支队和广大群众中有很高威望。

马本斋在革命斗争中深深感受到党的伟大，1938年10月他光荣地加入了中国共产党。由于长期的艰苦作战，马本斋身患重病。1944年1月，在回民支队奉命开赴延安前，他抱病作了最后一次动员报告，叮嘱同志们："要跟着党，跟着毛主席，抗战

人物档案

姓　　名：马本斋
生卒年：1901~1944
籍　　贯：河北献县
身　　份：抗日民族英雄
重大成就：冀中军区回民支队创建人

到底。"同年 2 月 7 日，马本斋在山东莘县病逝。

　　马本斋逝世后，党中央在延安为他举行了追悼会，总参谋长叶剑英高度赞扬了他光辉的斗争经历和卓越的军事指挥才能，毛主席写下了"马本斋同志不死！"，周恩来副主席题词"民族英雄、吾党战士！"，朱德总司令题挽联"壮志难移，汉回各族模范；大节不死，母子两代英雄！"。

　　新中国成立后，党中央将马本斋的故乡命名为"本斋回族自治县"。1954 年，他的遗体被迁至石家庄市华北军区烈士陵园。2009 年 9 月 14 日，马本斋被评为 100 位为新中国成立作出突出贡献的英雄模范之一。

回族抗日英雄——马本斋

直击成功　　马本斋心甘情愿地把一切献给伟大的中国共产党，献给为回族解放和整个中华民族的解放而奋斗的伟业。他勇谋兼备，不惧牺牲，浴血作战，奋勇杀敌，用他卓越的军事指挥才能，创造了光辉的斗争业绩。

26 连任十一届的人大代表——申纪兰

整理：吕晓璐 范晶

申纪兰崭露头角是在李顺达的互助组发展成西沟农业合作社的时候。1951年12月，她说服了公婆，动员全家带头入社。在合作社成立大会上，她当选为副社长。那时的西沟村，妇女的自我觉醒意识很差，传统习俗还是"好男走到县，好女走到院"。申纪兰的任务就是动员村里妇女和她一样，下田劳动。

1952年4月，申纪兰展开了她的全村总动员，连裹了小脚的马顺召都被她动员起来。当时合作社规定，男人下田一天记10分工，女人只记5工分。申纪兰带领妇女和男人们开展劳动竞赛，证明女人干活绝对不会输给男人。她由此几次向合作社里提出要求，"男女干一样的活，应该记一样的工分"。西沟合作社重新制订了男女"同工同酬"的记工办法。《人民日报》报道了申纪兰争取男女同工同酬的故事，写成通讯《劳动就是解放，斗争才有地位》，申纪兰的名字，也就从偏远的小山沟，传到了全国各地。

人物档案

姓　名：申纪兰
生　日：1929
籍　贯：山西平顺西沟
身　份：人大代表
重大成就：全国唯一的一位从第一届连任到第十一届的全国人大代表

1953 年 3 月，她当选为全国妇女代表大会代表。

这次会议结束后，申纪兰又当选为第二次世界妇女代表大会代表，从北京到丹麦首都哥本哈根参加会议。这次大会的主题是争取妇女和男人享受平等待遇，争取一个和平的世界，保卫妇女、孩子和家庭。这是新中国成立后，第一个正式的中国妇女代表团在国际上亮相。如同一项政治任务，每人的衣着饰物都由国家配备，还要进行专门的外交礼仪训练，包括衣食住行、坐立行走等各种细节。西沟展览馆里，保留了几张当年申纪兰出席世妇会的照片，那个一袭旗袍的短发姑娘，细眉弯弯，嘴唇红润，端庄典雅里透着几分羞涩。当时的代表团团长李德全还开玩笑似的夸过："没想到西沟村来的小姑娘竟然长得这么漂亮。"完成这项"政治任务"后，回到西沟村的第二天，申纪兰就把旗袍这些行头塞进了柜子里，此后再也没有穿过。

如今年过八旬的申纪兰，回忆往事时很少停留在关于衣食住行的琐碎细节上，她的回忆里始终清晰和激动的部分，只有一种场景——受到领导人接见——那个年代至高的荣誉和骄傲。

从 1954 年的第一届全国人民代表大会开始，申纪兰在后来的 50 多年里，不仅先后三次受到毛主席的接见，也受到了历任党和国家领导人的接见。那些合影，在申纪兰的家里满满当当地挂了两面墙。这些照片，取代了普通的全家福，成为申纪兰最温暖的财富。

连任十一届的人大代表——申纪兰

直击
成功

　　申纪兰的人生之所以能够取得非凡的成功，如果说她在能力和本领上有什么超人之处的话，那就是：她比普通人更热爱劳动、勤于劳动；比普通人更不怕吃苦、肯于吃苦。

27 千古一帝——秦始皇

整理：吕晓璐 宋萍

秦始皇嬴政是中国历史上第一个大一统王朝——秦王朝的开国皇帝。嬴政出生于赵国首都邯郸（今河北省邯郸市）。公元前247年，嬴政13岁时即王位，因年幼，朝政由太后和相国吕不韦及嫪毐掌管。秦始皇22岁时，举行了国君成人加冕仪式，开始"亲理朝政"，除掉吕不韦、嫪毐等人，重用李斯、尉缭。

自公元前230年至前221年，秦始皇采取远交近攻、分化离间、合纵连横的策略，先后灭韩、赵、魏、楚、燕、齐，终于建立了中国历史上第一个大一统、多民族、中央集权的专制国家——秦。

统一后，秦始皇创造出"皇帝"这个新头衔授予自己，表明自己至高无上的地位和权威，是上天给予的，即"君权神授"。从此以后，"皇帝"就成为中国封建王朝最高统治者的称谓。

秦统一中原后，秦始皇下令李斯等人进行文字的整理、统一工作。创造出一种形体匀圆齐整、笔画简略的

人物
档案

姓　名：嬴政
生卒年：公元前259~ 公元前210
籍　贯：咸阳（也说濮阳）
身　份：秦王朝的开国皇帝
重大成就：统一中国，建立起一个以汉族为主体、多民族统一的中央集权的强大国家

新文字，称为"秦篆"，又称"小篆"，作为官方规范文字，同时废除其他异体字。此外，一位叫程邈的衙吏因犯罪被关进云阳的监狱，在坐牢的10年时间里，他对当时字体的演变中已出现的一种变化（后世称为"隶变"），进行总结。此举受到秦始皇的赏识，遂将他释放，还提升为御史，命其"定书"，即制定出一种新字体，这便是"隶书"。隶书打破了古体汉字的传统，奠定了楷书的基础，提高了书写效率。

在设置官职上，秦始皇吸取了战国时期的经验，建立了相当完整的中央集权制度和政权机构。地方行政则废除分封制，改行郡县制。地方行政机构分郡、县两级，郡县主要官吏由中央任免。

秦始皇在商业规划中规定货币分金和铜两种：黄金称上币，以镒（秦制20两为镒）为单位；铜钱称下币，统一为圆形方孔，以半两为单位。金币主要供皇帝赏赐，铜币才是主要的流通媒介。

秦始皇以原秦国的度、量、衡单位为标准，淘汰与此不合的其他标准。

秦始皇统一中国后，定车轨宽以六尺为制，一车可通行全国。

在思想上，秦始皇下令焚六国史书，统一了思想，避免因为历史问题而导致国家分裂，但是毁掉的各国古籍使得中国部分古文化断层、古代史断代。

千古一帝——秦始皇

直击成功　　秦始皇具有雄才大略，胆识超人，意志坚定。他为了统一中国，发动战争，建立起一个以汉族为主体、多民族统一的中央集权的强大国家。做出了统一文字、货币，进行政治改革等许多前无古人的业绩，推动了中国历史的前进。但是他"焚书坑儒"的做法对中国文化等方面产生了不利的影响。

28 从北坡登顶珠峰的世界第一人——王富洲

整理：吕晓璐 范晶

王富洲是我国最早的登山队员之一。1958 年，23 岁的王富洲从北京地质学院毕业后，即被选入中国登山队。当年，他就登上了前苏联境内海拔 7134 米的列宁峰。第二年，他又登上了新疆境内海拔 7546 米的慕士塔格山，并获得了"运动健将"称号。

1960 年，王富洲和他的队友向世界最高峰珠穆朗玛峰发起了冲击。当时，"珠峰北侧不可逾越"被世界登山界喻为神话。从 20 世纪 20 年代起，外国登山家曾多次挑战从北坡登顶珠穆朗玛峰，却一次也没有取得成功。

1960 年 5 月 24 日上午 9 时 30 分，王富洲担任突击队长，与队友贡布（藏族）、屈银华一起从 8500 米的突击营地出发，开始突击顶峰。由于之前没有成功的经验可循，加上当时的装备又比较落后和沉重，在登顶的过程中，他们遇到了后人难以想象的困难。特别是在攀登珠峰北坡第二台阶时，最后六米的垂直高度，他们用了足足五个小时，最终用搭人梯的方法才得以成功。为了搭人梯，队员屈银华毅然脱掉带钉的鞋子和毛袜，穿单袜

人物
档案

姓　名：王富洲
生　日：1935
籍　贯：河南西华
身　份：登山运动员
重大成就：世界上首次从北坡登顶珠穆朗玛峰的人

在零下几十度的严寒中坚持几个小时，最后失去了十个脚趾。

25日凌晨4时20分，他们终于成功地登上了世界最高峰——珠穆朗玛峰，实现了人类历史上首次从珠峰北坡登到顶部的壮举。由于当时是深夜，他们无法拍摄登顶的照片，这也留下了一个难以弥补的历史遗憾。

从5月24日上午9时30分开始冲顶到5月25日晚21时返回营地，他们共用了近三十六个小时，超出了他们携带的氧气瓶所允许的八个小时的极限，开创了无氧登顶的方法。这在当时国外登山家的眼中是不可想象的。他们的壮举，极大地鼓舞了全国人民战胜困难的士气，成为那个年代人们心中的英雄。

之后，王富洲又多次创造了登山运动的奇迹。1964年5月2日，他和中国登山队的其他九名队员首次成功地登上海拔8012米的世界第14高峰希夏邦玛峰，创造了一次十名队员集体登上8000米以上高峰的世界纪录。1975年他又在联合登山科考中担任总指挥，率领中国登山队于当年的5月27日再次征服珠穆朗玛峰。在这次科考中，藏族女队员潘多成为世界上第一个从北侧登顶珠峰的女性。

从北坡登顶珠峰的世界第一人——王富洲

直击成功　　王富洲和他的队友完成人类第一次从北坡成功登顶珠穆朗玛峰的壮举，首先源于他们能够把自己的登山事业和国家的荣誉紧紧联系起来，更重要的是，他们有着不怕困难、不怕牺牲的决心和敢为人先的精神。在勇攀高峰的过程中，他们以顽强的毅力克服了难以想象的困难。他们的故事启示我们：世上无难事，只要肯攀登。

29 第一个进入太空的地球人——加加林

整理：吕晓璐 周绍琛

加加林生于前苏联的斯摩棱斯克州格扎茨克区的一个集体农庄庄员家庭，白俄罗斯人。

1949 年，15 岁的加加林停止了中学的学业，进入工厂工作。翻砂车间的工作是繁重的，它不仅需要知识和经验，还需要体力，这对于年仅 15 岁的人来说绝不是一件轻松的事。然而年轻的加加林结束了一天繁重的工作后依然坚持每天去工人夜校学习。

1951 年，他以优异成绩毕业于柳别尔齐职业中学，成为受训冶金工人，并继续在萨拉托夫工业技术学校学习。加加林的飞行员生涯就是从萨拉托夫开始的，他加入了萨拉托夫航空俱乐部，业余时间学习飞行。1955 年，加加林以优异成绩从工业技术学校毕业后进了航空学校，开始学习飞行。1957 年参加苏联军队，并成为北海舰队航空军团的一名歼击机飞行员。

1959 年 10 月，前苏联首位宇航员的选拔工作在全国展开。加加林从 3400 多名 35 岁以下的空军飞行员中脱颖而出，成为 20 名入选者中

人物档案

姓　　名：尤里·阿列克谢耶维奇·
　　　　　加加林
生卒日：1934.3.9~1968.3.27
国　　籍：前苏联
身　　份：航天员
重大成就：第一个进入太空的航天员

的一员，并于1960年3月被送往莫斯科，开始在前苏联宇航员训练中心接受培训。在训练中，加加林凭借其坚定的信念、优秀的体质、乐观主义精神和过人的机智成为前苏联第一名宇航员。

1961年4月12日莫斯科时间上午9时零7分，加加林乘坐东方1号宇宙飞船从拜克努尔发射场起航，在最大高度为301公里的轨道上绕地球一周，历时1小时48分钟，于上午10时55分安全返回，降落在萨拉托夫州斯梅洛夫卡村地区，完成了世界上首次载人宇宙飞行，实现了人类进入太空的愿望。他驾驶的东方1号飞船成为世界上第一个载人进入外层空间的航天器。

首次太空飞行之后，加加林又进入茹科夫斯基空军工程学院学习，积极参加训练其他宇航员的工作，1961年5月成为宇航员队长，1963年12月荣升为宇航员训练中心副主任。 在训练其他宇航员的同时，他自己并没有放弃训练，梦想着能够再次进入太空。1967年4月，他完成了联盟号飞船首次飞行的培训准备工作，成为宇航员科马罗夫的替补。他在进行宇航训练之余，并未放弃驾驶歼击机，还专门进入茹科夫斯基空军工程学院继续学习飞行。

1968年3月27日，在一次例行训练飞行中，加加林因飞机坠毁而罹难。

加加林死后，其骨灰被安葬在克里姆林宫墙壁龛里，他的故乡格扎茨克被命名为加加林城，他所在的宇航员训练中心也以他的名字命名。为纪念加加林首次进入太空的壮举，俄罗斯把每年的4月12日定为宇航节，在这一天举行隆重的纪念活动，缅怀这位英雄人物。国际航空联合会设立了加加林金质奖章，月球背面的一座环形山也是以他的名字命名的。加加林成为宇宙时代的象征。

直击
成功

加加林的成功在于他不断地努力，不断地克服各种困难，不断地学习，他的乐观主义精神和过人的机智，使他实现了自己的理想。

01 "筛"出质数的科学家——埃拉托斯特尼

整理：屈宏媛 唐英毳

埃拉托斯特尼生活在公元前200多年的古希腊，先后在亚历山大港和雅典学习生活过。40岁的时候，担任亚历山大图书馆的图书管理员和馆长。

埃拉托斯特尼才智高超，多才多艺。他不仅是一位杰出的数学家，而且在天文、地理、机械、历史和哲学等领域里都有涉足，在每一个领域都有着非常高深的造诣。他还是一位不错的诗人和出色的运动员。他最著名的一项成就就是发明了一种快速筛选质数的算法，在处理大量整数是否是质数时有着较高的效率。

埃拉托斯特尼发明的筛选质数的快速算法具体是这样的：先把n个自然数按次序排列起来。1不是质数，也不是合数，要划去。第二个数2是质数，留下来，再把2后面所有2的倍数都划去。2后面第一个没划去的数是3，把3留下，再把3后面所有3的倍数都划去。3后面第一个没划去的数是5，把5留下，再把5后面所有5的倍数都划去。这样一直做下去，就会把不超过n的全部合数都筛掉，

人物档案

姓　　名：埃拉托斯特尼
生卒年：公元前276~公元前194
国　　籍：古希腊
身　　份：数学家、地理学家、天文学家
重大成就：发明寻找质数的"埃拉托斯特尼筛法"

留下的就是不超过 n 的全部质数。

由于当时的希腊人把数写在涂蜡板上，每划去一个数，就在上面记以小点。寻求质数的工作完毕后，这些小点就像一个筛子。还有另一种解释是当时的希腊人把数写在草纸上，每划去一个数，就把这个数挖去。寻求质数的工作完毕后，这些小洞就像一个筛子。因此，人们就把埃拉托斯特尼的方法形象地叫做"埃拉托斯特尼筛法"，简称"筛法"。

聪明的埃拉托斯特尼还运用三角学的知识，根据两个不同地区之间不同的正午时分的太阳高线，计算出地球的直径。这在当时也是一项了不起的成就。

直击成功 埃拉托斯特尼发明的"筛法"，在今天看起来十分简单。我们在掌握这种简单快速地筛选质数的算法时，要注意体会在这种算法背后所蕴含的清晰明了的思维逻辑和简洁高效解决问题的方法。在学习数学的过程中，这种化繁为简的能力非常重要，这需要对数学有深刻的领悟。就像数学家高斯所说的："假如别人和我一样深刻和持续地思考数学真理，他们会作出同样的发现。"

"筛"出质数的科学家——埃拉托斯特尼

02 "哥德巴赫猜想"的提出者——哥德巴赫

整理：王坚强 杨洁萍

哥德巴赫是德国数学家，曾经在著名的英国牛津大学学习。他原先学习的专业并不是数学，而是法学。他是在欧洲各国访问期间结识了数学家贝努利以后，才逐渐对数学研究产生了兴趣。

哥德巴赫长期与一些数学家保持书信往来。他的著名数学猜想就是在与数学家欧拉的通信中提出来的。1742 年 6 月 7 日，哥德巴赫在给欧拉的信中说："我的问题是这样的——随便取某一个奇数，比如 77，可以把它写成三个质数之和：77=53+17+7；再任取一个奇数，比如 461，461=449+7+5，也是三个质数之和，461 还可以写成 257+199+5，仍然是三个质数之和。这样，我发现：任何大于 7 的奇数都是三个质数之和。但这应该怎样证明呢？虽然每一次试验都得到了上述结果，但是不可能把所有的奇数都拿来检验，需要的是一般的证明，而不是个别的检验。"

欧拉回信说："这个命题看来是正确的"。但是他却给不出严格的证明。同时

人物档案

姓　名：哥德巴赫
生卒日：1690.3.18~1764.11.20
国　籍：德国
身　份：数学家
重大成就：提出"哥德巴赫猜想"

欧拉又提出了另一个命题：任何一个大于6的偶数都是两个质数之和，但是这个命题他也没能给出证明。

从数学推理的角度看，这两位数学家提出的命题是有直接联系的，但实际上欧拉的命题的要求要比哥德巴赫的命题的要求更高。也就是说，可以把哥德巴赫的命题看做是欧拉的命题的推论。所以，数学家们把这两个命题统称为"哥德巴赫猜想"。

"哥德巴赫猜想"的内容十分简洁，但它的证明却异乎寻常的困难。从哥德巴赫提出这个猜想至今，许多数学家都不断地努力想攻克它，但都没有成功。因而，"哥德巴赫猜想"被认为是数学界中最著名与最困难的问题之一。

目前，最佳的研究成果是我国数学家陈景润于1966年证明的，称为陈氏定理。但是，这个成果离最终证明"哥德巴赫猜想"是否成立也还有很远的距离。

我们要学习哥德巴赫那种能够发现数与数之间的关系，精确地加以抽象和概括，进而提出数学假设的能力。实际上，在很多情况下，数学就是通过"发现问题，提出假设，严格证明"这样的道路发展起来的。在学习数学的过程中，我们一定要注意把握数与数之间关系的规律。

03 中国数学史上的牛顿——刘徽

整理：屈宏媛 唐英毳

刘徽是三国后期魏国人。他从小聪明好学，年幼的时候就能够自学《九章算术》。长大以后，刘徽对《九章算术》进行了更加全面的研究，并撰写了《九章算术注》，更正其中的个别错误公式，使后人在知其然的同时又知其所以然。

《九章算术》反映的是中国先民在生产劳动、丈量土地和测量容积等实践活动中所创造的数学知识，是中国古代算法的基础，是中国古代数学知识的结晶。它含有上百个计算公式和246个应用问题，其中许多成就在当时处于世界领先地位。在编排上,《九章算术》或者先提出术文(命题)，然后列出几个例题；或者先列出一个或几个例题，然后提出术文。但是，它对所用的概念没有定义，对所有的术文没有任何推导证明，个别的公式也不精确或有错误。

在刘徽从事数学研究时,《九章算术》已经成书三百多年了。刘徽在总结前人经验教训的基础上，对《九章算术》中涉及的几何、代数、算术、数论等各学科的理论及应用，都进行了详尽的验证、

人物档案

姓　名：刘徽
生卒年：250~ 不详
籍　贯：魏晋时期山东邹平人
身　份：数学家
重大成就：著有《九章算术注》、《海岛算经》，创立"割圆术"

推导和研究，并在此基础上有所创新。他的这些努力，都体现在《九章算术注》中。

　　刘徽的另外一本数学著作是《海岛算经》。在这本书中，他精心选编了九个测量问题，进行了详细的研究和证明。这些题目的创造性、复杂性和所具有的代表性，在当时为西方所瞩目。

　　刘徽还创立了"割圆术"，就是在圆周上截取等分点，然后顺次连接各等分点，组成圆内接正多边形。等分圆周越小，内接正多边形的面积与圆面积就越接近。只要这种分割无限地进行下去，就可以获得圆面积的值。利用"割圆术"，刘徽得出了圆周率的值为 3.14 的结果。他的这个算法也为后人精确地计算圆周率提供了科学的方法。

　　刘徽在数学研究方面的成就不仅对中国古代数学发展产生了深远影响，而且在世界数学史上也享有崇高的地位。鉴于刘徽的巨大贡献，许多人把他称作"中国数学史上的牛顿"。

直击成功

　　刘徽在数学研究中取得的巨大成就，既是他继承前人成就、认真吸取前人研究的经验教训的成果，也是他不为前人的研究成果所局限，勇于通过认真细致的论证而有所创新的结果。他还有着为数学献身的精神，一生不愿为官，淡泊名利，却不畏数学研究的辛苦与劳累。他的这些科学精神和优秀品质非常值得我们学习。

04 精确推算圆周率的科学家——祖冲之

整理：屈宏媛　唐英毳

祖冲之，字文远，出生在一个世代对天文历法都有研究的家庭。受家庭熏陶，他从小就对数学和天文学有着非常浓厚的兴趣。为此，他搜集和阅读了前人关于数学的大量文献，并注意对这些资料进行深入的研究。他坚持不被前人的成就所束缚，对文献中的每步计算都亲自做考核验证，并在纠正文献中错误的同时加入自己的理解与创造。

祖冲之在数学上的杰出成就是关于圆周率的精确计算。秦汉以前，人们以"径一周三"作为圆周率，这就是"古率"。后来，人们发现"古率"误差太大，不过却不知道究竟误差多少。直到三国时期，刘徽提出了计算圆周率的科学方法——"割圆术"，即用圆内接正多边形的周长来逼近圆周长，并指出，内接正多边形的边数越多，所求得的值越精确。当时，刘徽计算到圆内接96边形，求得的值为3.14。

祖冲之在前人成就的基础上进行验证。为了精确地

人物档案

姓　名：祖冲之
生卒年：429~500
籍　贯：范阳郡遒县(今河北涞水县)
身　份：数学家、天文学家、地质学家
重大成就：将圆周率的准确值计算到小数点后七位

推算出圆的周长和直径的比（即圆周率），祖冲之在书房的地面上画了一个直径为一丈的大圆，然后运用割圆术，在圆内进行切割计算。他从圆内接正六边形开始，一直算到圆内接正 12288 边的多边形。

那时还没有算盘，祖冲之只能用竹片做的算筹来进行计算。这是一项非常细致而艰巨的脑力劳动，每计算完一次，祖冲之都得重新摆放算筹。而且只要稍有差错，就必须重新开始。祖冲之凭着极强的毅力，经过成年累月的计算，终于算出圆周率数值在 3.1415926 和 3.1415927之间。这个计算结果，比外国数学家获得的同样的结果早了一千多年。为了纪念祖冲之的杰出贡献，有些外国数学史家建议把圆周率叫做"祖率"。

祖冲之这种严谨求实的态度，还表现在他对历法的改进中。他博览当时的名家经典，与自己亲自测量计算的大量资料进行对比分析，发现过去的历法存在严重误差。33 岁时，他编制成功了《大明历》，开辟了历法史的新纪元。

祖冲之还与他的儿子祖暅（也是我国古代著名的数学家）一起，用巧妙的方法解决了球体体积的计算问题。为了纪念祖氏父子这一重大贡献，这一原理也称为"祖暅原理"。

为纪念这位伟大的中国古代科学家，人们将月球背面的一座环形山命名为"祖冲之环形山"，把小行星 1888 命名为"祖冲之小行星"。

精确推算圆周率的科学家——祖冲之

直击成功 　祖冲之在从事科学研究时决不"虚推（盲目崇拜）古人"，而是"搜炼古今（从大量的古今著作中吸取精华）"，这是他能够取得伟大成就的关键。正是由于不迷信前人的研究成果，坚持亲身考核验证，并且不畏考核验证过程的单调和枯燥，他才能够精确地计算出圆周率的数值。他这种严谨治学的精神为后世所景仰。

05 关注社会民生的统计学家——恩格尔

整理：屈宏媛 唐英毳

恩格尔生活在 19 世纪的德国，是一名统计学者。1860~1882 年间，他曾在柏林当过二十二年的普鲁士统计局局长，为发展和加强官方统计学做了大量工作。后来，他因为反对俾斯麦的保护主义政策而辞职。3 年后，他参与创立了国际统计学会。

恩格尔早年与法国社会学家弗雷德里克·勒普莱交往十分密切。勒普莱对家庭问题的关注，对恩格尔产生了比较大的影响，使这位统计学者把调查和研究的主要方向放到与家庭问题有关的方面。在他的研究工作中，恩格尔从成本方面研究了人类生活的价值，还调查了价格对需求的影响。

通过搜集和分析大量的家庭开支数据，恩格尔发现，在家庭的收入与该户家庭的支出之间，存在着一定的联系。收入较高的家庭用于食物的支出一般多于较穷的家庭，但食物开支在总预算中所占比重通常要比较穷的家庭低。从这一经验性的规律出发，恩格尔进一步推断，在经济发展过程中，相对于

人物档案

姓　名：恩格尔·厄恩斯特
生卒年：1821 ～ 1896
国　籍：德国
身　份：统计学家
重大成就：发现恩格尔曲线和恩格尔定律

其他经济部门而言，农业将萎缩。

恩格尔的这一发现阐明了一个定律：随着家庭和个人收入的增加，收入中用于食品方面的支出比例将逐渐减小。后来，这一定律被命名为恩格尔定律，反映这一定律的系数也被称为恩格尔系数。简单地讲，恩格尔系数就是指食品支出总额占个人消费支出总额的比重。

恩格尔定律用食品支出占消费总支出的比例来说明经济发展、收入增加对生活消费的影响程度，揭示了居民收入和食品支出之间的相关关系。目前，恩格尔定律已经被国际上普遍采用，来衡量一个国家和地区人民生活水平的状况。一个国家或家庭生活越贫困，恩格尔系数就越大；反之，生活越富裕，恩格尔系数就越小。

直击成功　　恩格尔之所以能够成功地发现居民收入和食品支出之间的关系，既在于他科学地选择了自己的研究方向，更在于他敏锐地发现了统计数据和经验规律背后隐藏的原因。恩格尔能够从人们非常熟悉的家庭问题中发现规律，说明他具有善于观察、思考、搜集、总结的良好习惯。我们也要用一双善于观察的眼睛，学会在习以为常的问题中发现规律。

01 免疫学之父——爱德华·琴纳

整理：李荔 王献民

琴纳出生于一个牧师家庭。他5岁时，父亲去世了。他就与当牧师的哥哥生活在一起。琴纳的身体健壮，生性温和，兴趣广泛，尤其喜欢大自然，还收集了多种动植物的标本。

在琴纳的青少年时期，天花这个可怕的瘟疫正在整个欧洲蔓延。成千上万的人由于病情严重而变成了瞎子或疯子，甚至死去。琴纳目睹这种疾病给人类带来的灾难，13岁时就立志将来当个医生来根治这种疾病。

在哥哥的帮助下，琴纳跟随一位外科医生学习了7年医术。20岁时，他已经是一名能干的助理外科医生了。

26岁的时候，琴纳在家乡当了一名乡村医生。他一边行医，一边研究有效治疗和预防天花病的方法。当时，英国已经有了一种接种天花的办法，但很不安全。为了根除可怕的天花，琴纳决心寻找更有效、更安全的方法。

有一天，琴纳根据要求去挨家挨户统计因天花而死亡或变成麻脸的人数。他发

人物档案

姓　名：爱德华·琴纳
生卒日：1749.5.17~1823.1.26
国　籍：英国
身　份：英国乡村医生
重大成就：发明接种牛痘预防天花的办法

现几乎家家都有天花的受害者。但奇怪的是，养牛场的挤奶女工中却没人死于天花或变成麻脸。挤奶女工告诉他，牛也会生天花，但只是在牛的皮肤上出一些小脓疱，叫牛痘。挤奶女工给患牛痘的牛挤奶，也会传染而起小脓包，但很轻微，一旦好了，挤奶女工就不再得天花了。

这个现象给了琴纳极大的启发。于是，他开始研究用牛痘来预防天花。终于想出了一种方法：从牛身上获取牛痘脓浆，接种到人身上，使之像挤奶女工那样也得轻微的天花，从此就不再患天花了。

1796年5月的一天，琴纳从一位挤奶姑娘的手上取出微量牛痘疫苗，接种到一个8岁男孩的手臂上。不久，种痘的地方长出痘疱，接着痘疱结痂脱落。一个多月后，琴纳在这个男孩手臂上再接种人类的天花痘浆，竟没有出现任何天花病征。试验证明：这个男孩已经具有抵抗天花的免疫力，琴纳的假设被证实了。琴纳为搞清这个男孩还会不会得天花，又把天花病人的脓液移植到他肩膀上。事实证明，这个男孩没有再得天花。

琴纳的论文《接种牛痘的理由和效果探讨》发表以后，接种牛痘的技术被全世界采用。人类从此获得了抵御天花的有效武器。实际上，所有现代接种技术都来源于琴纳的这一发明。琴纳的这一伟大成就，开创了现代免疫学的新时代。

免疫学之父——爱德华·琴纳

直击成功　琴纳发明的接种牛痘预防天花的方法，为人类消灭瘟疫找到了可行之路。他能够取得这样伟大的成就，主要是因为他始终怀有战胜瘟疫、挽救生命的崇高志向，能够敏锐地发现不寻常现象背后隐藏的规律，并且敢于为了科学进步而冒险尝试。琴纳的故事启示我们，科学的进步有时是需要一定的冒险精神的。

02 淡泊名利的女科学家——居里夫人

整理：李荔 王献民

玛丽·居里出生于一个教师家庭，是家中五个子女中最小的、也是最聪明的一个。

受父亲的影响，玛丽从小就十分喜爱自然科学。15 岁时，她以获得金奖章的优异成绩从中学毕业。但是，当时的家境不允许她去读大学。为了供姐姐上学，她甘愿去别人家里做佣人。19 岁那年，她开始做长期的家庭教师，同时还自修了各门功课，为将来的学业做准备。

24 岁时，玛丽终于来到巴黎大学理学院学习。虽然生活上贫困艰苦，她的学习成绩却一直名列前茅。入学两年后，她以第一名的优异成绩考取了物理学学士学位。第二年，她又以第二名的成绩考取了数学学士学位。

1894 年初，玛丽结识了理化学校教师、青年科学家皮埃尔·居里，用科学为人类造福的共同意愿使他们结合了。从此，人们都尊敬地称呼她居里夫人。

1896 年，居里夫人又以第一名的成绩，完成了大学毕业生的任职考试。同一年，在看到法国物理学家贝克勒

人物档案

姓　名：玛丽·居里
生卒日：1867.11.7~1934.7.4
国　籍：法国（出生于波兰）
身　份：物理学家、化学家
重大成就：发现并制取放射性元素镭，并先后获得诺贝尔物理学奖、化学奖

尔发表的关于发现铀元素的报告后，居里夫人产生了极大的兴趣。她把对放射性物质的研究选定为自己的研究课题。通过长期艰苦的实验，居里夫妇终于发现了一种新的放射性元素——镭。这是近代科学史上最重要的发现之一，他们也因此和贝克勒尔共同获得了1903年度的诺贝尔物理学奖。

1906年，居里先生不幸因车祸去世。巴黎大学决定由居里夫人接替居里先生讲授物理课，她成为了巴黎大学有史以来的第一位女教授。1910年，居里夫人完成了《放射性专论》一书，并且与人合作，成功地制取了金属镭。为此，她又获得了1911年度的诺贝尔化学奖。一位女科学家，在不到10年的时间里，两次在两个不同的科学领域里获得世界科学界的最高奖励，这在世界科学史上是前所未有的事情。

居里夫妇的科学功勋盖世，但是他们却极其淡泊名利。在镭提炼成功以后，有人劝他们申请专利权从而垄断镭的制造。居里夫人却说："镭是对病人有好处的，我们不应当借此来谋利"。他们还把得到的诺贝尔奖金大量地赠送别人。在居里先生去世后，居里夫人又把他们千辛万苦提炼出来的价值超过100万金法郎的镭，无偿地赠送给了研究癌症治疗的实验室。

由于长期从事放射性物质的研究工作，加上恶劣的实验环境和对身体保护的不够严格，居里夫人患上了白血病、肺病、眼病、胆病、肾病，甚至是神经错乱症。但是，她始终没有放弃过自己的科研事业。

淡泊名利的女科学家——居里夫人

直击成功　　我们在敬佩居里夫人所取得的骄人成就、感谢她的科学发现给人类社会发展做出巨大贡献的同时，更要学习她刻苦学习的坚强意志，时刻不放弃科研事业的工作态度，淡泊名利、无私助人的高尚品质。让我们努力做一个像居里夫人那样对社会有益的人。

03 描绘昆虫世界的荷马——法布尔

整理：李荔　王献民

法布尔出生于法国南方的一个贫困农民家庭。法布尔的孩提时期都是在贫困和艰难中度过的，他的学习过程也非常艰辛。但是，法布尔学习非常刻苦，特别是他在中学时，拉丁文和希腊文学得相当出色。这也为他以后的写作打下了坚实的基础。

为了谋生，法布尔十四岁时就不得不外出工作。他曾在铁路上做过苦工，也做过集市上卖柠檬的小商贩，还经常在露天过夜。虽然身处困境，但是他从来都没有放弃对知识的追求，也从未中断过自学。通过自身的刻苦努力，法布尔终于在十九岁时考进了亚威农师范学校，并且获得了奖学金。在师范学校学习期间，法布尔对自然界和动植物的知识产生了浓厚的兴趣。

从师范学校毕业后，法布尔成为一名小学教师。他一面工作，一面继续自学，先后拿到了数学、物理等学科的学士学位。之后，他又先后在科西嘉、亚威农等地的中学任教。当了中学教师后，法布尔对昆虫的研究兴趣更为浓厚，还经常带领、指导学生去观察和研究昆

人物档案

姓　　名：亨利·法布尔
生卒日：1823.12.22~1915.10.11
国　　籍：法国
身　　份：昆虫学家、动物行为学家、
　　　　　文学家
重大成就：著有《昆虫记》

虫。之后的生命岁月里，法布尔数十年如一日，头顶烈日，冒着寒风，起早熬夜，放大镜和笔记本不离手，用眼睛仔细地观察昆虫的生活，用心来研究和体会昆虫的习性。他还把其中的点点滴滴都详细记录下来，终于在八十五岁高龄的时候完成了他的名著《昆虫记》。

在《昆虫记》这本著作中，法布尔用朴实、清新的笔调，栩栩如生地记录了昆虫世界中各种各样小生命的食性、喜好、生存技巧、天敌、蜕变、繁殖等。在法布尔的笔下，松树金龟子是"暑天暮色中的点缀，是镶在夏至天幕上的漂亮首饰"；萤火虫是"从明亮的圆月上游离出来的光点"；步甲"打仗这一职业不利于发展技巧和才能……它除了杀戮外，没有其他特长"；犀粪蜣"忘我劳动……坚持在地下劳作，为了家庭的未来而鞠躬尽瘁"。这样的描述，既充满童趣，又富有诗意和幽默感，体现了高超的文学造诣。因此，法国著名作家雨果称赞法布尔为"昆虫世界的荷马"。

法布尔的这本名著已经被译成十三种文字。一百多年来，激发了几代青少年对自然科学、生物学的兴趣。

在法布尔晚年的时候，许多人为他没有被授予诺贝尔文学奖而鸣不平。法布尔自己却说："我工作，是因为其中有乐趣，而不是为了追求荣誉。"

描绘昆虫世界的荷马——法布尔

直击成功　　法布尔是坚持自学和终生学习的典范，也是以顽强毅力完成科学研究的典范，他开始写作《昆虫记》时已经超过 50 岁，到 85 岁才完成这部巨著，其科学精神让人敬佩。法布尔还是以正确态度对待自己工作的典范，事业就是乐在其中，而不是追求荣誉。我们在欣赏法布尔的《昆虫记》时，还要学习他的这种精神。

04 土木工匠的"祖师"——鲁班

■整理：李荔 王献民

鲁班出身于世代工匠的家庭，从小就跟随家里人参加过许多土木建筑工程劳动，逐渐掌握了生产劳动的技能，积累了丰富的实践经验。

春秋和战国之交，社会的急剧变动使得工匠获得某些自由和施展才能的机会。鲁班曾经从鲁国去楚国，帮助楚国制造攻城器械，准备攻打宋国。他的这一行为，被反对为战争而制造武器的墨子所制止。从此以后，鲁班接受了墨子的这种思想，专门从事生产和生活上的创造发明。

鲁班一生中注重实践，善于动脑，发明创造很多。不少古籍记载，木工使用的很多工具，如曲尺、墨斗、锯子、刨子、钻子等均是鲁班发明的。这些木工工具的发明，使当时工匠们从原始、繁重的劳动中解放出来，劳动效率成倍提高。鲁班发明的磨、碾等农用器具也在很大程度上提高了农业生产的劳动效率。

鲁班还是一个很高明的机械发明家。他制造的锁，机关设在里面，外面不露痕

人物档案

姓　名：鲁班
生卒年：公元前507~公元前444
籍　贯：春秋战国时期鲁国
身　份：古代伟大的发明家
重大成就：一生中有农业器具、木工工具、锁钥、兵器、仿生机械等多种发明创造

迹，必须借助配好的钥匙才能打开。传说他还改进过车辆的构造，制成了机动的木车马。这种木车马由木人驾驭，装有机关，能够自动行走。后世不少科技发明家都受这个传说的影响，相继朝这个方向努力！

　　鲁班平时很注意对事物的观察、研究，他的许多发明创造都是受到自然现象的启发后才实现的。一次登山时，鲁班的手指被一棵小草划破。他拔起小草仔细察看，发现草叶两边全是排列均匀的小齿。于是，他就模仿草叶制成伐木的锯。他看到小鸟在天空中自由自在地飞翔，就仔细琢磨小鸟飞翔的姿态，之后用竹木制作了一只飞鹞，借助风力在空中飞。开始飞的时间较短，经过反复研究，不断改进，竟能在空中飞行很长时间，让人十分惊奇。

　　由于成就突出，后世的建筑工匠们一直把鲁班尊为"祖师"。人们为了表达对鲁班的热爱和敬仰，把古代劳动人民的集体创造和发明都集中到他的身上。因此，有关鲁班的发明创造的故事，实际上也是我国古代劳动人民发明创造的故事。鲁班的名字已经成为我国古代劳动人民勤劳和智慧的象征。

土木工匠的「祖师」——鲁班

直击
成功

　　父兄们的耐心传授，加上鲁班自己的勤奋钻研，特别是注意在生活中对自然现象进行仔细地观察和研究，是鲁班能够发明创造出大量工具和机械的秘密所在。鲁班的每一项发明，都是他善于总结劳动实践的经验，开动脑筋，反复试验，不断改进的结果。从中我们可以得到这样的启发：发明创造的智慧就存在于生产劳动的实践之中。

05 百折不回的天才发明家——瓦特

整理：李荔 王献民

瓦特出生于英国苏格兰西部的一个小镇。从小就跟随父亲学习了许多手艺，接触和了解了不少技术方面的知识，养成了独立思考的习惯。

瓦特从小身体虚弱，过了入学年龄好几年，才到镇上的学校去学习。在学校里，他不喜欢与小朋友们打闹，只爱独自沉思默想。有一天，小瓦特在家里看见一壶水开了，蒸汽把壶盖冲得噗噗地跳。这种司空见惯的现象却引起了他极浓厚的兴趣。他目不转睛地凝视着那跳动的壶盖和冒出的蒸汽，苦思冥想其中的奥秘，一直看了一个多小时。由于小瓦特常常会面对他不熟悉、不认识的现象长时间地默默观察，别人因此说他是个"懒孩子"。其实正是这种好奇心和寻根问底的精神，后来引导他去努力探索世界的种种奥秘。

十三岁那年，瓦特对几何学产生了浓厚的兴趣，十五岁时就读完了《几何学原理》。之后，他又进入文法学校。在文法学校学习时，他的数学成绩特别优秀。由于身体不好，他不得不在毕业之前就退学了。他在家里

人物档案	
姓　名：	詹姆斯·瓦特
生卒日：	1736.1.19 ~ 1819.8.25
国　籍：	英　国
身　份：	发明家
重大成就：	发明蒸汽机、气压表、汽动锤等

坚持自学了天文学、化学、物理学和解剖学等多学科知识，并自学了好几种外语。

十七岁时，瓦特来到格拉斯哥的一家钟表店当学徒。在业余时间，他仍然刻苦自学，进一步掌握了许多科技原理，并动手制造出了技术要求较高的罗盘、经纬仪等。二十一岁那年，他来到了格拉斯哥大学当教具实验员，负责修理和制造仪器。在这里，他直接接触和掌握了当时一些较先进的机械技术，开始了他的发明生涯。

瓦特一生中有许多对人类社会历史发展作出重大贡献的发明创造。其中最重要的就是瓦特蒸汽机的发明。瓦特对当时已经出现的蒸汽机原始雏形作了一系列的重大改进，在原有的纽科门蒸汽机结构的基础上发明了新式的蒸汽机结构，极大地提高了蒸汽机的热效率和运行可靠性。但是，其中的过程也不是一帆风顺的。从最初接触蒸汽技术到瓦特蒸汽机研制成功，瓦特走过了二十多年的艰难历程。在这期间，他多次受挫、屡遭失败，仍然坚持不懈、百折不回，终于完成了对纽科门蒸汽机的三次革新。

瓦特蒸汽机发明的重要性是难以估量的。它被广泛地应用在工厂，成为几乎所有机器的动力。它改变了生产方式，极大地推动了技术进步并拉开了工业革命的序幕。

直击成功　正是长期刻苦的自学、保持强烈的好奇心、愿意进行深入思考、不怕挫折和失败，才成就了瓦特的重大发明。瓦特的故事启示我们：天分是要通过勤奋和刻苦才能展现出来的，在通向胜利的过程中不能害怕困难和挫折。失败是成功之母。

06 "地心说"的集大成者——托勒密

整理：李荔 姚劲岩

托勒密生于古希腊。为了更好地进行科学研究，托勒密同当时的许多伟大学者一样来到亚历山大求学。同当时的许多学者一样，托勒密想了解整个世界——不仅仅是人类可以居住的地方，还想知道地球是怎样同茫茫宇宙相联系的。为此，他长期地进行天文观测，是世界上第一个系统地研究日月星辰的构成和运动方式并做出了成就的科学家。

托勒密一生著述很多。其中最著名的就是《天文学大成》。在这部著作里，托勒密对当时已经影响人类长达 1000 余年之久的"地心说"理论进行了系统总结，并提出了自己的"地心说"，认为地球是宇宙的中心，且静止不动，日、月、行星和恒星都围绕地球运动。

同绝大多数学者一样，托勒密也认为人类居住的地方是一个球体。他提出的论证观点直到今天看来都是那么有说服力：第一，如果地球是扁平的，那么，全世界的人将同时看到太阳的升起和落下。第二，我们向北行

人物档案

姓　名：克罗狄斯·托勒密
生卒年：公元 90 年~168 年
国　籍：古希腊
身　份：天文学家、地理学家、
　　　　数学家
重大成就：代表作品《天文学大成》、
　　　　《地理学》等

进，越靠近北极，南部天空越来越多的星星便看不见了，同时又出现了许多新的星星。第三，每当在海洋上朝山的方向航行时，人们就会觉得山体在不断地升出海面；而每当逐渐远离陆地向海洋航行时，却感到山体不断地陷入海面。

通过长期的天文观测，托勒密知道，运用从太阳、星星那里得来的测量数据，地球上的每个地方都能精确地测得方位。为此，他描绘了两件用来测量角度的工具。被用来观测星星的角度的仪器叫星盘（也叫星测仪）。它是一块圆形的铜板或木板分割成若干角度，中心有一根可以转动的指针。当指针指向一颗星星时，它的投影会在星盘上读出星星的照射角度。被用来测量太阳每天高度的仪器叫成角日晷仪。它是由一块方形的石头或木块，边上插一根立柱制成。如果把这个仪器放置在某一固定位置，并且坚持一年中每天都对太阳高度进行记录，就能够准确地判断出这个地方的方位。

托勒密还发展了当时地理学家已经掌握的地球经线、纬线体系。他不仅把地球也分成 360 度，还进一步把每一度分成 60 分，每一分再分成 60 秒。他还发展了弦的体系，通过把弦展现在平面上，使人们对分和秒有了更直观的概念。这一体系使地图绘制者能够精确地确定物体在地球上的位置，并一直沿用至今。

「地心说」的集大成者—托勒密

直击成功　以今天的眼光来看，托勒密的“地心说”有些可笑。但正是由于托勒密孜孜不倦的钻研精神和坚持不懈的天文观测，才使他能够把古代的“地心说”发展成一个完备的体系，并论证得令人信服。他的一些观点和发明至今都在沿用。托勒密的故事告诉我们，科学研究的结论可能会受到手段和条件的制约，但科学研究的精神永远都不会过时。

07 "日心说"的创立者——哥白尼

整理：李荔 姚劲岩

哥白尼出生于波兰的一个富裕家庭，从小受到了良好的学校教育。小哥白尼非常喜欢观察天象，常常独自仰望繁星密布的夜空。有一天，他的哥哥不解地问他："你整夜守在窗边，望着天空发呆，难道这表示你对天主的敬畏？"小哥白尼回答说："不。我要一辈子研究天时气象，叫人们望着天空不害怕。我要让星空跟人交朋友，让它给海船校正航线，给水手指引航程。"

一天，哥白尼去他的老师沃德卡家做客。在等待的过程中，他顺手从老师的书架上抽出一本书来看，发现老师在这本书一页折了角的地方写了一条批注："圣诞节晚上，火星和土星排成一种特殊的角度，预示着匈牙利的皇帝卡尔温有很大的灾难。"

正在这时，沃德卡老师推门走了进来。哥白尼认真地对沃德卡老师说："火星也好，土星也好，都是天上的星星，他们与卡尔温毫无关系，怎么能预示他的祸福呢？"

"怎么不能呢？"沃德卡老师反问道，"命星决定

人物档案

姓　　名：尼古拉·哥白尼
生卒日：1473.2.19~1543.5.24
国　　籍：波兰
身　　份：天文学家
重大成就：著作《天体运行论》

一切！"

哥白尼大声反驳说："如果是这样，那人还有没有意志？如果有，人的意志和天上的星星又是什么关系？"

对于哥白尼尖刻的反驳，沃德卡老师并没有生气。他明白，信不信天命是关系到天文学命运的重大问题。沃德卡老师踌躇再三，深情地对哥白尼说："孩子，天命决定一切，这是几千年来的一条老规矩。至于你提的问题，确实很有意思。但我没有能力回答你，你如果有毅力的话，以后研究吧！"

沃德卡老师的话使哥白尼下决心一定要弄清楚这个问题。18岁时，哥白尼进入波兰克莱考大学学习医学。这期间，他对天文学的兴趣更加浓厚了。23岁时，哥白尼来到文艺复兴的发源地意大利。在意大利，他幸运地结识了博洛尼亚大学的天文学家德·诺瓦拉。在诺瓦拉先生那里，哥白尼学到了天文观测技术以及希腊的天文学理论。

哥白尼并没有成为一位职业天文学家。他成年后的大部分时间是在费劳恩译格大教堂当一名教士。哥白尼始终保持着对天文学的浓厚兴趣和执著追求，一生中用了很多的时间去研究天象问题。他的成名巨著《天体运行论》就是在业余时间完成的。在这本著作里，哥白尼创立了"太阳中心说"——即"日心说"的伟大理论，宣告了"天命论"的彻底破产。这对天文学、宗教学、神学等许多学科都产生了极其重大而深远的影响。

"日心说"的创立者——哥白尼

直击成功 哥白尼的故事再次告诉我们兴趣对于科学研究的成功有多么重要。正是因为他始终保持对天文观测和星象规律的浓厚兴趣，使哥白尼通过业余时间的观测和研究取得了职业天文学家都难以取得的伟大成就。更为重要的是，他敢于怀疑不合理的现象和规矩。这种怀疑精神对于科学的发展是非常难得的。

08 现代生物学分类命名的奠基人——林奈

整理：李荔 安焱

林奈的父亲是一位乡村牧师，非常爱好园艺，空闲时精心管理着花园里的花草树木。幼时的林奈，受到父亲的影响，十分喜爱植物，8岁时就获得了"小植物学家"的别名。

小林奈经常将看到的不认识的植物拿来询问父亲，父亲都一一详尽地告诉他。有时候，林奈问过父亲之后并不能全部记住，就出现了重复提问的情况。遇到这样的情况，林奈的父亲总会以"不答复问过的问题"来督促小林奈加强记忆。这使得小林奈的记忆力自幼就得到了良好的锻炼，他所认识的植物种类也越来越多。后来，他发现了"植物不仅会在不同的季节里开花，有的还会在一天的固定时刻开放或闭合"的现象，并且根据这一现象编排出一个富有情趣的"花钟"，把在不同时间开放的花，顺次排列在钟面形的花坛上。这种"花钟"非常准确，直到现在，有些欧洲人仍以这种"花钟"来布置花坛。

从20岁起，林奈先后进入龙得大学和乌普萨拉大学，系统地学习了博物学以及采制生物标本的知识和方法。在大学期间，他特别注

人物档案

姓　　名：卡尔·冯·林奈
生卒日：1707.5.23~1778.1.10
国　　籍：瑞典
身　　份：生物学家、自然学者
重大成就：建立了人为分类体系和双名制命名法

意利用图书馆和植物园进行植物学的学习。

25 岁时，林奈随一个探险队来到瑞典北部拉帕兰地区进行野外考察。在这块荒凉地带，他发现了 100 多种新植物，收集了不少宝贵的资料，调查结果发表在他的《拉帕兰植物志》中。

28 岁起，林奈用了三年的时间周游欧洲各国，在荷兰取得了医学博士学位。在周游欧洲各国期间，他结识了那里的一些著名的植物学家，得到了国内没有的一些植物标本。这期间，也是林奈的学术思想成熟、初露锋芒的阶段。他的《自然系统》就是在这一期间出版的。在这本书中，林奈首先提出了以植物的生殖器官对植物进行分类的方法。

1738 年，31 岁的林奈回到他的母校乌普萨拉大学任教。34 岁时，就担任了植物学教授。从此，他潜心研究动植物分类学，著书立说，在二十多年的时间里发表了 180 多部科学论著。其中最有影响的是 1753 年发表的《植物种志》一书。这部著作是林奈历时七年的心血结晶，书中共收集了 5938 种植物，全部被他用新创立的"双名命名法"命名。

林奈提出的"双名命名法"把前人的全部动植物知识有效地进行了系统化，摒弃了人为的按时间顺序的分类法，选择了自然分类方法，被人们称为"万有分类法"。这一伟大成就使林奈成为 18 世纪最杰出的科学家之一。

现代生物学分类命名的奠基人——林奈

直击成功　　林奈在生物学分类命名领域取得的成就，既在于他从儿时起就产生的对植物的特殊感情和兴趣，也在于他有勤奋刻苦、广见多闻、善于总结和思考的良好习惯。因此才能对前人知识进行有效的整理和归纳，创立"双名命名法"。我们要特别注意学习林奈利用图书馆和植物园进行学习的途径和方法。

09 主张兼爱非攻的墨家学派创始人——墨子

整理：李荔 安焱

墨子传说出生在一个手工业者家庭。当时，工匠处于官府的严格控制之下，社会地位十分低下，而且是世袭的，因此墨子从小就承袭了木工制作技术。墨子天资聪慧，据说他的手工技艺可与当时的巧匠鲁班相媲美。传说他用木头削成的车轴能承受六百斤重的物体，制作的木鸢能在天上飞三天。

墨子曾经学习儒术，之后因为不满"礼"之烦琐，便另立新说，聚徒讲学，成为儒学的主要反对派。写出了《非儒》、《非乐》、《节葬》、《节用》等名篇。对于他的门徒，墨子不但授以思想理论，更重视指导他们在实践中学习。就这样，当时的许多知名之士都投奔到墨子门下，墨家学派开始形成。

之后，墨家学派的门徒遍布天下。他们对自己要求较严，在生活上提倡"以自苦为极"的牺牲精神，并组成了纪律严格的组织，使墨家学派成为战国的一个重要学派，其学说和儒家学说一道被称为"显学"。

墨子的思想以兼爱为核心。他对劳动人民的悲惨生

人物档案

姓　名：墨子
生卒年：公元前 468~ 前 376
籍　贯：战国时期鲁国
身　份：思想家、教育家、科学家、军事家
重大成就：著有《墨子》，创立墨家学派

活有着深切的体会，强烈反对"富侮贫，贵傲贱"，主张"兼相爱，交相利"，从而实现"饥者得食，寒者得衣，劳者得息，乱者得治"。从兼爱的观点出发，墨子又提出"节用"、"非攻"等主张，反对统治者穷奢极欲、挥霍无度的生活，反对以大欺小、以强凌弱的非正义战争。据《墨子》记载，当得知鲁班为楚国造云梯准备攻打宋国时，墨子日夜兼程行走十昼夜从齐国赶到楚国，说服鲁班和楚王不能以大国欺侮小国，制止了这场战争。

不过，宣扬天命鬼神的迷信思想也是墨子思想的一大特点。他认为天是有意志的，它不仅决定自然界星辰、四时、寒暑等变化，还对人世的政治起支配作用。他的这种思想受到了后世的激烈批判。

墨子不但是思想家、教育家，还是一位发明家、科学家。他比鲁班更早地发明了云梯。他看到满山的野果壳在雨水浸泡之后流出色液，就发明了坑布之法引导山民坑染布料。在墨子的著作中，有很多涉及自然科学，如力学、光学、声学等。墨子对光的直线传播第一次作出了科学的解释，最早发现了小孔成像的原理。他还提出了微分学的原理。因此，他也被西方科学界称为"东方的德谟克利特"。

直击成功

　　墨子热爱学习，喜欢读书，注意把学到的知识与实践相结合，这是他能够创立墨家学派的重要原因。在发明和科学研究方面，墨子注意观察身边的事物，深入思考现象背后的原因，并且注重通过实验来进行分析、解释。他的这些良好习惯至今对我们仍有启示意义。当然我们也要反对其信奉鬼神的落后思想。

主张兼爱非攻的墨家学派创始人——墨子

10 人类历史上最伟大的科学家——牛顿

整理：李荔 姚劲岩

牛顿童年时身体瘦弱，头脑并不聪明。读书的时候，很不用功，在班里的学习成绩属于次等。但他的兴趣却是广泛的，游戏的本领也比一般儿童高。尽管如此，因为他学习成绩不好，还是经常受到歧视。

牛顿爱好制作机械模型一类的玩意儿，如风车、水车、日晷等等。他精心制作的一只水钟，计时较准确，得到了人们的赞许。有时，他玩的方法也很奇特。一天，他做了一盏灯笼挂在风筝尾巴上。当夜幕降临时，点燃的灯笼借风筝上升的力升入空中。发光的灯笼在空中飘动，人们大惊，以为出现了彗星。

时间对人是一视同仁的，但人对时间的利用不同，而所得的知识也大不一样。十六岁时，牛顿下决心靠自己的努力攀上数学高峰。他从基础知识、基本公式重新学起，扎扎实实、步步推进。他研究完了欧几里得几何学后，又悉心研究笛卡儿几何学，直到掌握要领、融会贯通，后来发明了代数二项式定理。

　　牛顿潜心于科学事业，还有一段"暴风中算风力"的佳话。有一天，刮着大风。风撒野地呼号着，尘土飞扬，使人难以睁眼。牛顿认为这是个准确地研究和计算风力的好机会。于是，便拿着用具，独自在暴风中来回奔走。他跟跟跄跄，吃力地测量着。沙尘几次迷了眼睛，暴风几次吹走了算纸，使他不得不暂停工作，但都没有动摇他求知的欲望。他一遍又一遍，终于测得了正确的数据。

　　经过勤奋学习，牛顿为自己的数学高塔打下了深厚的基础。二十二岁时，他发明了微分学，二十三岁时发明了积分学，为人类数学事业作出了巨大贡献。

　　牛顿也是经典力学理论的集大成者。他发现的牛顿运动定律被誉为经典物理学的基础。他的牛顿迭代法和光学方面的贡献，使他名声大震，被誉为人类历史上最伟大、最有影响力的科学家。

　　牛顿是个十分谦虚的人，从不自高自大。曾经有人问牛顿："你获得成功的秘诀是什么？"牛顿回答说："假如我有一点微小成就的话，没有其他秘诀，唯有勤奋而已。"

直击成功

　　为什么牛顿能取得如此成就？因为他坚信："知识在于积累，聪明来自学习。"他从容不迫地观察日常生活中的小事，他如饥似渴地学习各个领域的知识，他站在巨人的肩膀上不断地研究，作出了科学史上一个又一个重要的发现，推动了科学革命，成为了最伟大、最有影响的科学家。

11 发现浮力和杠杆原理的智者——阿基米德

■整理：李荔 安焱

阿基米德生于西西里岛的一个贵族家庭，与叙拉古的赫农王有亲戚关系。借助王室的关系，11岁时，阿基米德被送到古希腊文化中心亚历山大城去学习。

亚历山大城有雄伟的博物馆、图书馆，而且人才荟萃，被世人誉为"智慧之都"。阿基米德在这里学习和生活了许多年，跟很多学者交往密切。学习期间，阿基米德对数学、力学和天文学产生了浓厚的兴趣。这些经历使得他日后在物理学、数学和天文学方面都取得了令人惊叹的成就，享有"力学之父"的美称。

阿基米德最著名的成就是他在物理学方面发现了静力学中的杠杆原理和流体力学中的浮力定律。

传说阿基米德经过实际观察和反复实验，从数学上严格地证明了现今仍被广泛运用的"重量比等于距离反比"的杠杆原理。他曾自豪地宣称"假如给我一个支点，我就能撬起地球。"国王听后大为惊奇，让他表演一下怎样用微小的力去移动很重的物体。当时国王曾叫人建造一艘大船，可是，无论如何都无法推其下水。阿基米德就对国王说："就让我来把这艘大船拉下水吧。"于是，他设计了一套杠杆滑轮系统。一切准备就绪后，他将绳子的一头交给了国王，国王轻轻地拉动这根绳子，大船就缓慢地移动了，最后终于滑进了水中。这一情景使在场的人无不目瞪口呆。国王专门发布告称："从今以后，凡是阿基米德所说的话，务须一律听从。"

还有故事说浮力定律是阿基米德在一次洗澡时受到启发而发现的。现在很多人对这个传说的真实性提出了质疑。人们虽然质疑这个传说，但是浮力定律的发现者就是阿基米德却得到了举世公认。

后人对阿基米德在数学方面的成就给予了很高的评价。他确定了抛物线弓形、螺线、圆形的面积以及椭球体、抛物面体等各种复杂几何体的表面积和体积的计算方法。他还是科学地研究圆周率的第一人，他求出的圆周率大小范围为：223/71< π <22/7。

阿基米德还非常重视科学知识的实际应用，亲自设计、制造了许多机器。被称作"阿基米德螺旋"的扬水机目前仍在埃及等地被广泛使用。

直击成功 随着科学的发展，我们很难再像阿基米德那样通晓多门学科。但是，他把各个领域的知识融会贯通、互相借鉴的思想，非常值得我们学习。阿基米德十分重视科学的严密性和准确性，而且非常重视科学知识的实际应用。这些特点也是他被尊为科学史上最伟大的科学家之一的重要原因。

发现浮力和杠杆原理的智者——阿基米德

12 喜欢离经叛道的机器人制造专家——布鲁克斯

整理：李荔 安焱

布鲁克斯出生于澳大利亚，现在是麻省理工学院人工智能实验室的负责人。经常头发蓬乱的布鲁克斯喜欢离经叛道，从不相信传统的成规。

从 20 世纪 80 年代开始，布鲁克斯明确地反对"机器人必须先会思考，才能做事"的传统信条，在论文中提出了用包容式体系结构来设计机器人的理论。简单地讲，传统的理论认为，机器人必须要有一个"大脑"，由这个"大脑"来接收来自传感器的信息从而创建并维护环境的地图，进而根据地图制订计划，最后执行动作。而布鲁克斯却认为，一些生物（比如昆虫）不掌握外部世界的地图，甚至没有记忆，但是它们却活得非常自在，机器人模仿这些行为会更好。

为了证实自己的观点，布鲁克斯研制出了一系列异形机器人。这些机器人没有思考能力，但却无所不能，比如能偷桌上的苏打罐，能穿越四周发烫的地面等。布鲁克斯的理论开辟了一种新的机器人编程方法，他本人也因为善于以独特方法解决

人物档案

姓　　名：罗德尼·布鲁克斯
生卒日：1954.12.30~
国　　籍：美国
身　　份：著名机器人制造专家
重大成就：发明包容体系结构，设计了第一个火星机器人

复杂问题而著称于世界机器人学界。

　　布鲁克斯十分钟爱自己的机器人研究事业。正如他自己所说的，"这一技术充满乐趣并将改变世界"。正是对机器人制造事业的执著，让他始终站在这一领域的最前沿。20世纪90年代，布鲁克斯设计了第一个火星机器人。他还创立了一家公司，帮助美国国家航空航天局研制了机器人空间飞行器，并向市场投放了第一台商用机器人。通过将最新人工智能与简易操作界面结合，布鲁克斯教授和他的公司已经为政府、工业、科学研究研发了多种机器人，并且为孩子们研发了许多好玩的玩具机器人。

直击成功　　布鲁克斯教授在机器人制造领域所取得的巨大成功，与他那离经叛道的性格、不拘泥于传统教条的限制、善于从特别的角度提出解决问题的思路和方法有着极为密切的关系，当然也离不开他对自己所从事的科研事业的钟爱和严谨的科学精神。他的故事告诉我们，只要找到适合的领域，很多人都能取得大成就。

13 微生物学的创始人——列文虎克

整理：李荔 林秀梅

列文虎克出生于一个手工艺人家庭。他幼年时，父亲就去世了。为了帮助母亲养活一家人，16 岁时，列文虎克就离开了家乡来到首都阿姆斯特丹的一个杂货铺当学徒，天天早起晚睡，干脏活累活。这期间，他有幸结识了杂货铺对面一位藏书丰富的老人。他从老人那里借阅图书，从书本上学到了许多东西。

二十岁时，列文虎克回到家乡代尔夫特开了一家布店，但生意不好。之后，他又在市政厅的门房做看门人。有一天，一个朋友向列文虎克介绍了放大镜。他随即对放大镜产生了兴趣。可是，当他到眼镜店一问，价钱却贵得吓人。列文虎克便利用自己的充裕时间，耐心地磨制起镜片来，终于磨制成功了。但由于透镜实在太小了，他就做了一个架子。后来，他又在透镜的下边装了一块铜板，上面钻了一个小孔，以使光线射进来而反照出所观察的东西。这就是列文虎克所制作的第一架显微镜，它的放大能力相当大，竟超过了当时世界上所有的显微镜。

人物档案

姓　　名：列文虎克
生卒日：1632.10.24~1723.8.26
国　　籍：荷兰
身　　份：生物学家，显微镜学家
重大成就：首次发现微生物，最早记录肌纤维、微血管中的血流

列文虎克有了自己的显微镜后，便十分高兴地观察周围的事物。可是，当他把身边能够观察的东西都看过之后，便又觉得应该再有一个更大、更好的显微镜。为此，列文虎克更加认真地磨制透镜。他一生共制造了491架显微镜，有的显微镜可以将物体放大二三百倍。

他用自制的显微镜开始观察细菌和原生动物。1677年他首次描述了昆虫、狗和人的精子，准确地描述了红细胞，证明马尔皮基推测的毛细血管层是真实存在的等等。

列文虎克的标本越来越多，他每天不停地观察着、记录着。在友人的建议下，自1673年至1723年间他把自己的观察结果报告给当时世界上的科学权威机构——英国皇家学会，其中绝大多数都发表在《皇家学会哲学学报》上，其中就有1683年发表的世界上第一幅细菌绘图。为了表彰和鼓励列文虎克的研究工作，英国皇家学会吸收他为会员，一个小学徒终于成了著名科学家。

直击成功

列文虎克所取得的巨大成就，源自他始终保持的对身边事物的好奇心和求知欲。他不仅勤于动手、善于制作，更加善于观察、勤于描绘和记录，使得他有了一次次重大的发现。这些优秀品质和精神值得我们学习。

14 青霉素的发现者——弗莱明

整理：李荔　林秀梅

弗莱明出生在苏格兰的洛克菲尔德，从一个穷苦农民的儿子成长为卓有学识的细菌学家。弗莱明从伦敦圣马利亚医院医科学校毕业后，从事免疫学研究；在第一次世界大战中作为一名军医，研究伤口感染。他注意到许多防腐剂对人体细胞的伤害甚于对细菌的伤害，他认识到需要某种有害于细菌而无害于人体细胞的物质。战后弗莱明返回圣马利亚医院，继续从事细菌学研究。

弗莱明是一名勤奋的细菌学家。1922年，患了感冒的弗莱明无意中对着培养细菌的器皿打了一个喷嚏。后来他注意到，在这个培养皿中，凡沾有喷嚏黏液的地方没有一个细菌生成。随着进一步的研究，弗莱明发现溶菌酶——在体液和身体组织中找到的一种可溶解细菌的物质。他以为这可能就是获得有效天然抗菌剂的关键。遗憾的是，这种物质的抗菌作用并不大。但是，弗莱明并没有放弃他的努力。

1928年的一天，弗莱明在他的实验室里发现有一个葡萄球菌培养基不慎暴露在

人物档案

姓　　名：亚历山大·弗莱明
生卒日：1881.8.6 ~ 1955.3.11
国　　籍：英国
身　　份：细菌学家
重大成就：发现青霉素

空气中。他惊奇地发现，培养基中被霉污染区域的葡萄球菌已经消失了。他敏锐地断定这种霉能够产生某种对葡萄球菌有害的物质。于是，他把从这种霉中提炼出来的物质在兔子和白鼠身上做试验。实验证明这种物质确实有明显的抗菌作用，并且不会对动物造成伤害。至此，弗莱明终于找到了他长期寻找的物质。

由于这种物质是由青霉菌产生的，所以被命名为"青霉素"。又由于这种霉菌的外表像毛刷一样，故而青霉素又被称作"盘尼西林（Penicillin）"，意思是有细毛的东西。当时正值二战期间，青霉素的研制和生产转移到了美国。青霉素的大量生产，拯救了千百万伤病员，成为第二次世界大战中与原子弹、雷达并列的三大发明之一。

1945 年以后，青霉素的使用遍及全世界。这一造福人类的贡献使弗莱明、钱恩和弗洛里共同获得了诺贝尔生理学和医学奖。

青霉素的发现，使人类找到了一种具有强大杀菌作用的药物，结束了传染病几乎无法治疗的时代。此后，出现了寻找抗菌素新药的高潮，人类进入了合成新药的新时代。直到今天，青霉素仍是流传最广、应用最多的抗菌素。

青霉素的发现者——弗莱明

直击成功　　弗莱明发现青霉素的过程看起来有一定的偶然性，但使这种偶然变成必然的却是弗莱明一丝不苟、认真细致的工作态度及长年坚持不懈的努力。他敏锐地觉察到青霉素的存在，使千千万万的生命得到有效的救治，既是弗莱明个人的幸运，也是全人类的幸运。幸运的实现是百分之一的机会加百分之九十九的努力。

15 痴迷显微观察的科学家——胡克

整理：李荔　林秀梅

胡克出生于一个牧师家庭，幼年时体弱多病，性格怪僻，但却心灵手巧，自制过木钟、可以开炮的小战舰等。10岁时，胡克对机械学产生了强烈的兴趣，这为他后来在实验物理学方面的发展打下了良好的基础。

幸运的是，少年胡克得到了威斯敏斯特中学校长巴斯比的帮助。他十分珍惜进入学校学习的机会，如饥似渴地学习，几乎在一个星期里就贪婪地读完了欧几里得的《几何原本》前六卷。聪明的胡克注意把书本上学到的知识和自己喜欢的机械设计联系起来，先后动手做了十二种机械结构和三十种飞行方法的设计。

18岁时，胡克进入牛津大学里奥尔学院学习。在这里，他进一步显露出了独特的实验才能。

30岁时，胡克根据他人提供的资料自己动手设计了一部结构相当复杂的显微镜。这部显微镜让这位热爱观察、勤于思考、喜欢动手的科学家有了能更为仔细观察世界的武器。有一天，他

人物档案

姓　　名：罗伯特·胡克
生卒日：1635.7.18~1703.3.3
国　　籍：英国
身　　份：物理学家和生物学家
重大成就：发表《显微图集》，发明轮形气压计

好奇地从一块软木上切下一片薄片，放在自己制造的显微镜下仔细地观察，发现软木片原来是由很多小室构成的，各个小室之间都有壁隔开，像蜂房似的。胡克给这样的小室取名为"细胞"。

这一年里，胡克还用他的显微镜对大量矿物、植物、动物进行了仔细地观察。他将蜜蜂的刺、苍蝇的脚、鸟的羽毛、鱼鳞片以及跳蚤、蜘蛛、草麻等，用他的显微镜仔细地进行观察比较。在大量观察的基础上，胡克发表了《显微图集》一书。这本《显微图集》是欧洲17世纪最主要的科学文献之一，它向人们提供了许多鲜为人知的显微图画信息，涉及化学、物理、地质和生物等许多领域。

胡克还发明了轮形气压计，这是一种由绕轴旋转的指针记录压力的仪器。他制造的气候钟能将气压、温度、降雨量、湿度和风速记录在同一个旋转的记纹鼓上。这些发明使他成为科学气象学的奠基人之一。

直击成功

生活的贫困和艰辛并没有压倒少年胡克，反而让他更加珍惜学习的机会，这为他以后在科学研究领域取得巨大成就打下了坚实的基础。更为重要的是，他不仅热爱学习，更加善于仔细观察，善于动手制作，善于深入思考。胡克的故事告诉我们，科学始于观察和思考。

16 知识渊博的北宋科学家——沈括

整理：李荔 林秀梅

沈括出生于北宋年间的一个官僚家庭。他自幼勤奋好学，14 岁就读完了家中的藏书。

24 岁时，沈括开始踏上仕途。他曾担任过掌管司法、天文、史书编纂等官职。这使得他有机会读到许多皇家藏书，进一步丰富了自己的学识。中年时期，他积极参与王安石领导的变法运动，担任过管理全国财政的最高长官三司使等许多重要官职。王安石变法失败后，沈括也被贬戍边。

在从政的同时，沈括十分重视科学研究和科学发明，其贡献涉及自然科学的许多领域，在天文学方面，他首倡"十二气历"，在数学方面，他创立了"隙积术"和"会圆术"；在物理学方面，他早于欧洲 400 多年发现了地磁偏角的存在，对声音共振规律也有研究；在地质学方面，他从岩石生物遗迹中推导出冲积平原的形成的原因，还提出了石油的命名；在医药学特别是药用植物方面，他也倾注了大量的心血。除了自然科学之外，沈括在社会科学和人文科学方面也都有着重大的成就。

沈括观察事物十分精细，而且敢于发表与众不同

人物档案

姓　　名：沈括
生卒年：1031~1095
籍　　贯：浙江杭州
身　　份：北宋时期著名的科学家
重大成就：著作《梦溪笔谈》

的见解。有一次，一些人说开封相国寺里的一幅壁画画错了。沈括仔细琢磨后，用亲身体验作了精辟的说明：吹奏管乐，手指按在什么部位就发什么音，是同时的；弹琵琶，手指先拨弦，然后才发音，动作要比声音早。所以，演奏管乐的人在吹"四"字音的时候，弹琵琶的人的手指已准备拨下一个音了。在场的人无不为沈括的高见所折服。通过这种善于观察、见微知著的良好习惯，沈括还通俗生动地论述了小孔成像、凹面镜成像、凹凸镜的放大和缩小作用，比较科学地解释了虹的成因。

沈括还很有环保观念，很早就指出不得随便砍伐树木。在一次实地考察中，他发现了一种褐色液体，当地人用它烧火做饭，点灯和取暖。沈括给这种液体取了一个名字，叫石油。这个名字一直被沿用到今天。他当时就想用石油代替松木来作燃料，他说不到必要的时候决不能随意砍伐树木，尤其是古林，更不能破坏！

沈括56岁时开始，潜心著作，8年后去世。写成了闻名中外的科学巨著《梦溪笔谈》，以及农学著作《梦溪忘怀录》、医学著作《良方》等。

《梦溪笔谈》内容极为丰富，包括天文、历法、数学、物理、化学、生物、地理、地质、医学、文学、史学、考古、音乐、艺术等共600余条。其中200余条属于科学技术方面。《梦溪笔谈》是中国科学史上划时代的科学巨著，也是世界科技史中的一份宝贵遗产。

直击成功　　沈括是我国古代科学史上卓越的人物，他之所以能够取得这样杰出的成就，形成渊博的知识体系，一方面，是因为他具有求知欲强、勤奋好学的精神；另一方面，是因为他善于观察、坚持独立思考，积极去探寻事物现象背后的规律和原因，而且敢于发表与众不同的观点。这种科学精神值得我们学习。

17 "大陆漂移说"的首倡者——魏格纳

整理：李荔 林秀梅

19世纪以前，人们还没有开始系统地研究地球整体的地质构造，因此对海洋与大陆是如何形成的以及海洋与大陆是否会变动都还没有形成明确的认识。

1910年，30岁的德国气象学家、地球物理学家、天文学家魏格纳在一次翻阅世界地图时，注意到了一个奇特的现象：大西洋的两岸——欧洲和非洲的西海岸遥对北南美洲的东海岸，轮廓非常相似，这边大陆的凸出部分正好能和另一边大陆的凹进部分拼凑起来。如果从地图上把这两块大陆剪下来，再拼在一起，就能拼凑成一个大致吻合的整体。把南美洲跟非洲的轮廓比较一下，更可以清楚地看出这一点：远远深入大西洋南部的巴西的凸出部分，正好可以嵌入非洲西海岸几内亚湾的凹进部分。

魏格纳结合他在格陵兰等地的考察经历，对这个有趣的现象进行深入的思考后认为这绝不是偶然的巧合，并因此得出了一个大胆的假设：在距今3亿年前，地球上所有的大陆和岛屿都连结在一块，是一个庞大的原始大陆，叫做泛大陆。泛大陆

人物档案

姓　名：阿尔弗雷德·魏格纳
生卒日：1880.11.1~1930.11.2
国　籍：德国
身　份：气象学家、地球物理学家、
　　　　天文学家
重大成就：著作《海陆的起源》，
系统地阐述了大陆漂移说

被一个更加辽阔的原始大洋所包围。后来从大约距今2亿年时，泛大陆先后多处出现裂缝。每一裂缝的两侧，向相反的方向移动。裂缝扩大，海水侵入，就产生了新的海洋。相反地，原始大洋则逐渐缩小。分裂开的陆块各自漂移到现在的位置，形成了今天人们熟悉的陆地分布状态。这个假设就是后来广为人知的"大陆漂移说"。

魏格纳的"大陆漂移说"一提出，就在地质学界引起轩然大波。一些学者坚决拒绝认同这一新学说。在反对声中，魏格纳继续为他的理论搜集证据，为此他又两次去格陵兰考察，发现格陵兰岛相对于欧洲大陆依然有漂移运动，他测出的漂移速度是每年约1米。这个现象有力地支持了"大陆漂移说"。

1930年4月，魏格纳第四次率领探险队登上格陵兰岛考察。在零下65℃的酷寒下，大多数人失去了勇气。只有他和另外两个追随者继续前进，胜利地到达了中部的爱斯密特基地。11月2日，在刚刚庆祝完自己50岁生日的第二天，魏格纳在外出考察时遭到暴风雪的袭击，倒在茫茫雪原上。直到第二年4月，他的尸体才被人们发现，而且已经冻得像石头一样与冰河浑然一体了。

直击成功

大胆假设是开展科学研究的一个重要手段。但是，这样的假设要建立在仔细的观察、敏锐的直觉和对已有知识的正确把握上。这也说明了为什么是魏格纳而不是其他人发现了地图的有趣之处并提出了"大陆漂移说"。更令我们敬重的是魏格纳为探求真理而不惜献身的科学精神。

18 现代遗传学之父——孟德尔

整理：李荔 林秀梅

孟德尔出生在一个贫寒的农民家庭里。孟德尔从小就受到园艺学和农学知识的熏陶，对植物的生长非常感兴趣。

18岁时，孟德尔考入奥尔米茨大学哲学院，主攻古典哲学，同时还学习了数学和物理学。大学毕业以后，他开始在布鲁恩一家教会中学教授自然科学。之后，又到维也纳大学深造。在这里，孟德尔受到了相当系统的和严格的科学教育和训练，也受到了同时代的一些杰出科学家的影响。这些学习经历为他后来的科学研究实践打下了坚实的基础。

1856年，34岁的孟德尔从维也纳大学毕业回到布鲁恩，开始了长达八年的豌豆实验。他从多位种子商那里弄来了34个品种的豌豆，从中挑选出22个品种用于实验。这些用于实验的品种都具有某种可以相互区分的稳定性状，例如高茎或矮茎、灰色种皮或白色种皮等。之后，孟德尔通过人工培植这些豌豆，对不同代的豌豆的性状和数目进行了细致入微的观察、计数

人物档案

姓　名：**约翰·格里戈尔·孟德尔**
生卒日：**1822.7.20~1884.1.6**
国　籍：**奥地利**
身　份：**生物学家**
重大成就：**揭示了生物遗传的基本规律**

和分析。这样的实验方法需要极大的耐心和严谨的态度。但是，孟德尔却十分酷爱自己的研究工作，经常向前来参观的客人指着豌豆十分自豪地说："这些都是我的儿女！"

经过八个寒暑的辛勤劳作，孟德尔终于发现了生物遗传的基本规律，并且得出了相应的数学关系式。人们分别称他的发现为"孟德尔第一定律"和"孟德尔第二定律"，它们揭示了生物遗传的基本规律。

除了豌豆以外，孟德尔还对其他植物作了大量的研究，其中包括玉米、紫罗兰和紫茉莉等，以进一步证明他发现的遗传规律对大多数植物都是适用的。

从生物的整体形式和行为中很难观察并发现遗传规律，而从个别性状中却容易观察。正是由于孟德尔采用了同其他生物学家不同的观察角度，不仅考察生物的整体，更着眼于生物的个别性状，才使得他能够发现生物遗传的奥秘。

实际上，豌豆实验开始不久，孟德尔就清楚了自己的发现所具有的划时代意义，但他还是慎重地坚持重复实验多年之后，才肯把自己的发现公诸于世。遗憾的是，当时的人们还不能理解孟德尔的思维和实验。直到 1900 年，孟德尔的发现才被生物学家们所接受。从此，遗传学进入了孟德尔时代。

直击成功　　孟德尔的豌豆实验是科学史上的一个范例。实验的成功，是由其所受到的严格系统的科学教育、长期实验过程中的谨慎细致的态度以及对科学研究的热爱来保证的。最为关键的是他找到了一种正确的方法。孟德尔的故事启示我们：科学研究既需要另辟蹊径的智慧，也需要有认真求实的态度和持之以恒的精神。

19 科学进化论的奠基人——达尔文

整理：李荔 林秀梅

达尔文儿童时期就表现出了对大自然和动植物的喜爱。他常常去捕捉昆虫，寻找矿石，拣拾贝壳和采集动植物标本。

有一天，小达尔文借到一本名叫《世界奇观》的书，爱不释手，读了一遍又一遍，梦想着有一天自己能够亲自到书里描述的地方去进行考察。为了能够实现这一梦想，小达尔文常常练习骑马、射击、黑夜狩猎的本领，培养长途跋涉的坚强毅力。

达尔文大学毕业的时候，正赶上英国政府为了寻找更多的资源和扩大市场，决定派"贝格尔"舰到世界各地做环球考察，船上需要一位博物学者，达尔文的老师汉斯罗推荐了达尔文。盼望已久的梦想终于有了实现的机会，达尔文心情激动地登上了"贝格尔"舰，开始了为期五年的环球考察。

在当时的条件下，环球考察的征程是十分艰辛的。糟糕的是，达尔文还有晕船症，而且晕得很厉害。但是达尔文没有被这些困难所吓

人物档案

姓　　名：查理·罗伯特·达尔文
生卒日：1809.02.12~1882.04.19
国　　籍：英国
身　　份：伟大的生物学家
重大成就：提出进化学说，发表《物种起源》

倒，航船每到一处，他都要上岸考察当地的物产资源、生态环境，向当地人仔细询问动植物的种类和特性。他常常冒着被毒蛇猛兽袭击的危险，只身深入到陆地内部甚至荒无人烟的原始地带，寻找化石，采制标本。

在环球考察的过程中，达尔文耳闻目睹了生物界大量变异的事实，逐渐形成了物种可变这一在当时看来十分大胆的设想。虽然达尔文在航行期间认识到了物种可变，但是物种为什么会发生变化，各种生物之间有什么联系，他没有马上找到答案。这一问题始终萦绕在达尔文的头脑中。航行回来后，他又继续深入调查，经过22年不懈的努力，达尔文终于揭开了其中的秘密。1859年，他发表了震惊世界的名著《物种起源》。书中用许多令人信服的事实，论证了各种生物是进化而来；用自然选择学说，说明了生物进化的原因和过程。这就是著名的"进化论"学说，它推翻了上帝创造一切的谬论，在生物界引起了一场革命。

之后，达尔文又发表了《动物和植物在家养下的变异》、《人类由来及性的选择》和《人类和动物的表情》等著作，进一步充实了"进化论"学说的内容。

科学进化论的奠基人——达尔文

直击
成功
　　正是从儿童时期就开始培养的对自然界的浓厚兴趣和勤勉的观察习惯，让达尔文敏锐地发现物种可变，但这只是他提出"进化论"学说的基础。最重要的是他对科学问题的坚持和耐心，正是这种坚持和耐心才让他经过20余年探索和求证后，终于找到科学的答案。达尔文的故事告诉我们，科学需要兴趣和坚持。

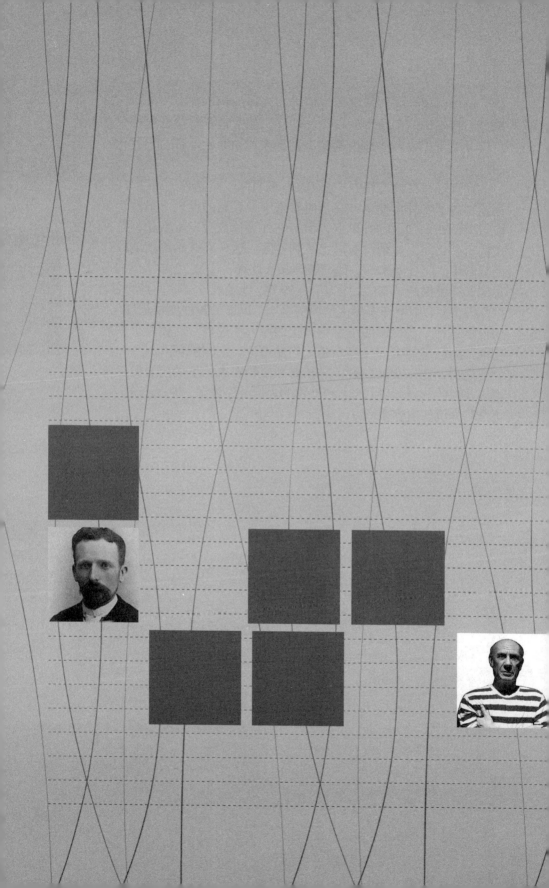

01 20世纪的艺术大师——亨利·马蒂斯

整理：赵丽琴 项莉

亨利·马蒂斯，1869年生于法国，是一位在西方现代艺术史上举足轻重的人物。

马蒂斯的父亲是个商人，母亲曾做过陶瓷厂的画工。童年和少年时代的他丝毫没有表现出对艺术的任何兴趣，中学毕业后遵照父亲旨意赴巴黎攻读法律，完成学业后，他回到家乡，在一家律师事务所当上了办事员。可是偶然的一件事改变了这一切。21岁那年，他患阑尾炎住进医院，为了打发时间，母亲送给他一盒颜料、一套画笔和一本绘画自学手册作为礼物。既然闲来无事，马蒂斯便挤好颜料，铺开画纸，照书上的范画临摹起来。令人惊奇的事情发生了，一接触到绘画，这个年轻人就着了迷。在绘画过程中，马蒂斯生平第一次感觉到"自由、安宁和恬静"。从此他的绘画热情如火山喷发，汹涌激荡。

在马蒂斯的艺术道路上对他影响最大的老师是奥古斯塔夫·莫罗。马蒂斯刚进入他的画室没几天他就预言："亨利你是为简化绘画而生的。"马蒂斯一生的艺

人物档案

姓　　名：亨利·马蒂斯
生卒日：1869.12.31~1954.11.3
国　　籍：法国
身　　份：画家
重大成就：野兽派的领袖人物

术历程印证了恩师的这句话，他的艺术是一个艺术语言日益纯粹、艺术形式日益简化的历程。马蒂斯凭着对艺术的敏锐直觉和不懈努力，为绘画的完全简化作着探索。在莫罗的支持下，马蒂斯走出了大胆的第一步，他为1897年的沙龙创作了一幅画——《餐桌》。在这幅画中，虽然保留了传统的构图及透视法则，但美酒、鲜果和器皿被描绘得主观而富有装饰意味。当《餐桌》在沙龙展出时受到公然攻击，马蒂斯没有妥协，他固执地沿着这条路走了下去，他逐渐悟出艺术的最高目标乃在于装饰性的表现，这个观念主导了他毕生追求"艺术是一种装饰"的绘画理念。

马蒂斯作为野兽派的领袖人物是当之无愧的，他一生都作着实验性的探索。他热爱生活、热爱自然，懂得生活的真谛。进入暮年的马蒂斯身体状况日渐衰弱，只能在床上或轮椅上进行创作，但他仍把工作当成一件乐事。他坐在轮椅上剪纸，并自己推动轮椅，徜徉在五彩纸片构成的奇幻世界中。剪纸使他能继续艺术的创造活动，带给他新的生活乐趣。在生命的最后两年，马蒂斯也从没有停止过创作，艺术和他的生命一样，一旦终止，他的生命也将终止。在床上，他剪出了《国王的遗憾》这一伟大的作品，表达出自己对生存和死亡的哲学思考。

1954年，85岁的亨利·马蒂斯去世，在弥留之际没有任何遗憾，躺在自己亲手创造的温馨世界里。

直击成功　马蒂斯对绘画、雕塑、剪纸艺术倾注极大热情，用简捷的线条和鲜明的色彩塑造出他所构想的一切，吸取各种艺术门类的优点，一生都在做着实验性探索。虽然他生命的最后两年几乎都是在病床上度过的，但他的创造力却从来没有停止过。

02 中国近代雕塑大师——潘鹤

■ 整理：赵丽琴 于立凤

潘鹤是中国成就卓著的雕塑艺术大师，广州美术学院终身教授。作为中国雕塑界的先行者，潘鹤没上过一天美术学堂。但生于书香门第的潘鹤早早在书中"认识"了荷马、歌德、卢梭、但丁、莎士比亚，早早"接触"到了米开朗基罗、罗丹、贝尔尼尼等大师的雕塑作品。这些伟大艺术家对历史和民族的深切关怀、对真善美的追求、对正义的拥戴，使潘鹤深受感染，这些成就伟大艺术作品必不可少的情愫渐渐深植在潘鹤心中，成为他浓厚的创作底蕴。幸运的是，他虽没上过学堂，但却有足够的文化浸润，因而他的艺术没有樊篱，与众不同、风格鲜明；不幸的是，他一生历经种种纷乱，耳闻目睹的战争就有 16 次之多。正是人生的种种磨难，成就了潘鹤作品中那种打动人心的强烈的情感力量。

他致力艺术创作 70 余年，创作的大型户外雕塑一百多座，安放在国内外 60 多座城市中。值得一提的是，《艰苦岁月》这一雕塑形象还曾被收入小学语文课本

人物
档案

姓　　名：潘鹤
生卒日：1925.12 ～
国　　籍：广东南海
身　　份：雕塑家
重大成就：中国美术终身成就奖

中，成为几代人的集体记忆。1960年，中国革命军事博物馆成立后，《艰苦岁月》被放置在军博大厅里，8件微缩复制品还被分送给外国元首。

潘鹤用他自己的5尊雕塑来概括一生的感悟。第一个是《无奈》，居里夫人无奈地望着江边，她在为自己的发明而无奈，本是造福人类的初衷，却怎曾想因此带来了今天原子弹和这么多的纷争。第二个是《想不通》，表现上世纪前半叶的画家司徒乔，他被潘鹤塑成一副想不通的思索状，潘鹤认为司徒乔的艺术造诣要高于徐悲鸿和刘海粟，但后两者却远比他更负盛名，"这就是人生"。第三尊是鲁迅，"他在横眉冷对文艺界的跳梁小丑，懒得正眼看，因此题目就叫《睬你都傻》"，潘老说他欣赏鲁迅的气节，不争名夺利，不趟浑水。第四尊雕像是题为《自我完善》的女人半身裸体像，潘老解释说，人类至今仍在寻求手脚和思想上的解放，这个雕像是说人的头脑和手都解放了，但腿还没雕出来，意味着还有一部分没解放，人类还需要不断地自我完善。最后一尊是他自己，取名为《笑到最后》，潘老把自己雕成神情自若，张嘴大笑的模样，对于如此夸张的表情是否太过张扬，潘鹤不以为然，他说："我为自己能从事艺术事业而感到无比幸福，从政很累，从商容易破产，搞艺术则不然，哈哈大笑，我一辈子过来问心无愧。"

中国近代雕塑大师——潘鹤

直击成功　　潘老始终坚持"艺术应该纯洁"的观点，他不为名不为利，他说："真正想做事的人不想出名，出名很麻烦，尤其是在钻研艺术的时期，心无杂念才跑得快；不会做事的人才急于成名成家。在这方面，天才多数不'聪明'，聪明人多数不是天才，我要做天才，不做聪明人。"

03 19世纪人类最杰出的艺术家——凡高

整理：赵丽琴 于立凤

凡高是后印象派的三大巨匠之一，19世纪人类最杰出的艺术家之一。1853年生于荷兰牧师家庭，做过职员和商行的经纪人。青年时期当过传教士。1880~1886年先后在荷兰、比利时学画。1886年来到巴黎，在弟弟提奥的帮助下，从事绘画创作，画风受印象主义和新印象主义影响。不久到法国南方阿尔作画，并注意提高色彩的强度、明度和张力。凡高对中国和日本的版画颇感兴趣，注意在自己的绘画中吸收日本浮世绘绘画的养料，追求单纯感和表现力。

凡高生性善良，早年为了"抚慰世上一切不幸的人"，他曾自费到一个矿区去当过教士，跟矿工一样吃最差的伙食，一起睡在地板上。矿坑爆炸时，他曾冒死救出一个重伤的矿工。然而在他主持的一次葬礼上，一位老人的厉声谴责使他突然变得清醒，他开始意识到这世界上根本就没有上帝。这样，他才又回到绘画事业上来。

经过失恋，当传教士不

人物
档案

姓　名：文森特·威廉·凡高
生卒日：1853.3.30~1890.7.29
国　籍：荷兰
身　份：画家
重大成就：后期印象画派代表人物

成功等挫折后，凡高的精神变得十分敏感和脆弱，在试图与高更在阿尔建立社团的尝试失败后，精神病不断发作。一次在恍惚中用剃刀割去了自己的耳朵，最后在精神错乱中自杀而死，仅活了37岁。

凡高全部杰出的、富有独创性的作品，都是在他生命最后的六年中完成的。他最初的作品，情调低沉，可是后来，他大量的作品变得响亮和明朗，好像要用欢快的歌声来慰藉人世的苦难，以表达他强烈的理想。

从历史的角度来讲，凡高的确是非常超前的画家。他作品中包含着深刻的悲剧意识，其强烈的个性和形式上的独特追求，远远走在时代的前面，的确难以被当时的人们所接受。人们对他的误解最深的时候，正是他对自己的创作最有信心的时候。因此才留下了永远的艺术著作。《向日葵》就是在阳光明媚灿烂的法国南部所作的。画家满怀激情，充满运动感而且笔触粗厚有力，色彩的对比也是单纯强烈的。然而，在这种粗厚和单纯中却又充满了智慧和灵气。观者在观看此画时，无不为那激动人心的画面而感动，心灵为之震颤，激情而出，无不跃跃欲试，共同融入到凡高丰富的主观感情中去。总之，凡高笔下的向日葵不仅仅是植物，而是带有原始冲动和热情的生命体。

19世纪人类最杰出的艺术家——凡高

直击成功　　梵高这位来自社会底层的画家，一生是苦难和不被理解的，但他却坚持自己的绘画道路，用全部的生命，饱满的热情来赞美人性，歌颂大自然；在他的作品中表现了对大自然的热爱，他爱娇嫩的玫瑰色花朵和紫罗兰色的天空、爱翠绿的草地和淡青色的风……他把生命的最重要时期贡献给艺术，并且大胆创新，形成了自己独特的艺术风格。

04 日本风景画家、散文家——东山魁夷

整理：赵丽琴 刘宪敬

东山魁夷，日本著名的风景绘画大师。他的画没有艳丽的色彩，却深深地吸引着每一位看过他的画的观众。他的每一幅作品都表现出幽远的意境，给人以安静之感。

少年时代的东山魁夷生活在神户这座靠山的美丽城市。从小体弱多病的他喜欢到神户的山林中画参天的大树、水中的倒影。初中三年级时他因病休学疗养两个多月，是风景绘画陪他度过了那段寂寞的时光。中学时代的这种体验让他与大自然间产生了一种亲切感。

到中学高年级，在决定自己今后人生道路的时候，他决心当一名画家，不仅仅是因为喜欢绘画，更是因为他对大自然的那种感情。父亲起先坚决反对他当画家，后来觉得"这孩子体弱多病，算了，就当没这个儿子，由他去吧"。

26岁那年东山魁夷实现了到德国留学的愿望。在德国的几年时间里，他以一边学习一边旅行的方式全面地学习了西方绘画知识与技

人物档案

姓　名：东山魁夷
生卒日：1908.7~1999.5.6
国　籍：日本
身　份：画家、散文家
重大成就：改进发展了日本传统
　　　　　绘画

巧，艺术修养获得了极大的丰富与提高。在欧洲的求学经历更加激起他对自己祖国秀美风景的热爱。他用西方的绘画方式表现日本的风景之美，表现未经现代文明污染的纯洁的大自然，获得了巨大成功。

东山魁夷对中国文化也有着浓厚的兴趣，曾3次来到中国，感受到了中华民族精神的美。他到过风景优美的黄山、山水甲天下的桂林和古代东西方文明交流的要道———丝绸之路。这3次中国之行，使他走进了中国水墨画的世界，创作了一批以中国为题材的水墨风景作品。

晚年的东山魁夷行动不便，已经不可能像青壮年时期那样，经常到深山、海滩、湖区和北海道的森林。但是，他仍然在设法不脱离大自然，特地请工人，把北海道森林中的白桦树移植到自己住宅的庭园里。

东山魁夷是一个正宗的日本绘画大师，也是一位著名的文学家，绘画与文学是他同时创造的两座"高峰"。有人说他是在用文字绘画，用绘画写诗。在他的笔下，一棵树、一座山峰，一条河流都有其特有的生命力和活力，都可以让人感受到东山魁夷本人对大自然的理解与热爱。找时间读一读他的文学作品吧！你会发现那是和他的绘画一样美丽的世界。

Part 6 美术

日本风景画家、散文家——东山魁夷

直击成功 东山魁夷，原名东山新吉。留学德国时，他给自己取了"魁夷"这个新名字，意思是这样的："东山"代表和善与热爱，"魁夷"代表冷酷与努力。成功源于热爱；成功归于努力——大师的成功给了我们最好的回答。

05 当代西方最有创造性的艺术大师——毕加索

整理：赵丽琴 刘宪敬

毕加索一双瞪起来像公牛一样的眼睛、一张非洲土著人的面孔、一副巨人般的身材；活到了92岁；创作出反映法西斯残暴的《格尔尼卡》与脍炙人口的《和平鸽》等著名作品；亲眼见到自己的作品被卢浮宫收藏……然而大师身上所流露的幽默与智慧却是鲜为人知的。

毕加索从小就喜欢观看父亲作画，11岁开始接受正规美术训练，13岁时便展现出非凡的艺术天分。

毕加索18岁时，创作了自己第一幅铜版刻画，描绘的是一名英姿飒爽的斗牛士。不过，他没想到，真正的图像在印刷时必然是照镜子一样——左右颠倒。所以，当他看到一个左手拿着长矛的斗牛士时，不禁大吃一惊。毕加索对自己犯的错误闷闷不乐，几乎要将铜版刻画一毁了之。后来，他想出了一个办法，将那幅铜版刻画称为《左撇子》。

19岁时毕加索一个人来到了世界艺术之都——巴黎，开始了他享誉世界的传奇色彩的艺术之旅。

初到巴黎时，谁都不认识他——尚未成名的毕加索

人物档案

姓　名：巴勃罗·鲁伊斯·毕加索
生卒日：1881.10.25~1973.4.8
国　籍：西班牙
身　份：画家、雕塑家
重大成就：创建立体画派 推动了近现代西方美术的发展

四处碰壁，一幅画也卖不出去，身边只剩下了 15 个银币。如果再卖不出自己的画，那他只能离开巴黎回老家。于是，毕加索孤注一掷，做出了他人生之中具有转折意义的一次策划。

在这之后的一个月中，整个巴黎的画廊老板都快疯了。每天至少会有一两个人来画廊转悠，左看右看，却什么都不买，临走之前，他们都这样问道："请问，这里有毕加索的画吗？"

"请问，这里有毕加索的画吗？"无数次的询问，使得毕加索的名字犹如明星般在画商的圈子里炸开了。"谁是毕加索？有谁看过他的画？"人们按捺着激动的心情，四处打探着。一个月之后，毕加索带着他那些许久无法卖出的画出现了。画商们很快将他的画一买而空———这个被巴黎主流画界一直拒于门外的艺术家一举成名。原来，毕加索用那 15 个银币雇了几个大学生，成功地将自己陌生的身份进行了掉转，从而使人们更早地欣赏到了他那天才般的艺术才能。

第二次世界大战期间，出入巴黎毕加索艺术馆的德国将领和士兵经常会受到他冷淡的接待。有一次，一位德军头目指着《格尔尼卡》这幅画问毕加索："这是您的杰作吗？""不，"毕加索面色严峻地说，"这是你们的杰作！"

毕加索的绘画得到世人的公认，在他活着的时候，所作的画已被收藏家们以高价购买，价格之高，令常人却步。一天，一些好友来到毕加索家里做客时，他们发现墙上挂着的全是别人的作品，毕加索自己的倒一幅也没有。"为什么呢？"有人问，"你不喜欢自己的画？""不是，恰好相反，"画家说，"我非常喜欢，不过，它们太贵了，我买不起。"

哈哈，多么有趣的大师！多么有意思的毕加索！

当代西方最有创造性的艺术大师——毕加索

直击成功 毕加索从 9 岁起就开始作画，无论质还是量，都是惊人的，他的作品达到六万余件，仅油画一项就在万件以上———数字可以告诉我们这位天才横溢的艺术家成功的秘密。

06 20世纪中国美术界的精神领袖——林风眠

整理：赵丽琴 于立凤

林风眠，1900年出生于广东省梅县一个农民家庭。1919年赴法国留学，开始学习油画。他对欧洲古典绘画大师十分敬仰，同时，对后期印象派、现代诸流派也怀有浓厚的兴趣。

1925年，林风眠回国，受到学界泰斗蔡元培的赏识与提携，成为我国第一所高等艺术学府——国立艺术院（今中国美术学院前身）的首任院长。是中国现代美术教育的主要奠基者之一，主张"兼容并包、学术自由"的教育思想，不拘一格广纳人才。培养出李可染、吴冠中、王朝闻、艾青、赵无极、赵春翔、朱德群等一大批艺术名家，是中国现代绘画的先驱。

40年代后期，他离开教学工作，潜心创作。在致力于中西融合的画家中，他付出的劳动最大，成就最突出，是"中西融合"这一艺术理想的倡导者、开拓者和最重要的代表人物。他吸收了西方印象主义以后的现代绘画的营养，与中国传统水墨和境界相结合，并融入了个人的人生经历。是已经接近了

人物档案

姓　名：林风眠
生卒日：1900.11.22~1991.8.18
籍　贯：广东梅县
身　份：画家
重大成就：中国现代绘画的先驱者

"东西方和谐和精神融合的理想"的画家。

作家无名氏曾去访问他，在居室里看到的是"一只白木桌子、一条旧凳子、一张板床。桌上放着油瓶、盐罐……假如不是泥墙壁上挂着几幅水墨画，桌上安着一只笔筒，筒内插了几十只画笔，绝不会把这位主人和那位曾经是全世界最年轻的国立艺术专科学校校长的人联系起来"。

晚年林风眠移居香港，这时期的风景画，多是对西湖的回忆。他曾说，在杭州时天天到苏堤散步，饱看了西湖的景色，并深入在脑海里，但是当时并没有想画它。在上海时最多画的是西湖秋色与春色，嫩柳、小船、瓦房、睡莲，无限宁静优美。到香港后，这些景色再次出现在笔下，以秋色为多，金黄色的枫林、青色的山峦，在阳光下灿烂而又凝重。低矮的小屋，在暮色中闪亮的溪水，又与他晚年的乡思连成一片。

林风眠关于中西融合的观点一定程度上淡化了传统笔墨观念，同时开启了对于诸如形式、材料等方面的关注，极大地丰富了20世纪中国绘画的创作面貌，为众多后继者提供了可借鉴、深入的课题。从这个意义上来说，他可算作是中国现代绘画艺术的启蒙者，是整个20世纪中国美术界的精神领袖。

直击成功　林风眠是中西结合的探索者和成功者，他眼界开阔，胸怀宽广，能容纳各种绘画流派，以民族为基础，吸收外国先进的东西，极大地丰富了20世纪中国绘画的创作面貌，为中国画的发展做出了突出的贡献。同时也给我们众多后继绘画爱好者提供了可借鉴、深入研究的课题。

07 多元化创作的艺术家——杜菲

整理：赵丽琴 刘红

杜菲对各种知识的涉猎极广，对于来自民间的和异国的各种独特的艺术形式，都怀有近乎虔诚的爱好，而对于现实生活中层出不穷的发明创造和新鲜事物更是充满了探究的热忱，这使得他的作品无论在内容上和形式上，都达到了比同时代画家更为广阔和多样化的程度。

在绘画方面杜菲是一个非常具有独创精神的画家，他从不看重荣誉。他绘画的目的就是要把他内心的快乐传达给大家，让大家看后有一种愉悦感。

杜菲 23 岁时获得了一笔可观的奖学金，赴巴黎入博纳画室学画。当他 1905 年看到了马蒂斯的《华丽·宁静与快乐》一画时说道："在这幅画前我懂得了全部绘画道理以及它存在的意义，看到素描和色彩所反映出来的神奇想象力，印象派的写实主义失去了对于我的魅力。"从此他成为野兽派中的一员大将。

杜菲继承和发扬了后印象主义在色彩上的成就，更注重景物的平面化和色彩的纯化。例如，1906 年，杜菲

人物档案

姓　名：拉乌尔·杜菲
生卒日：1877.6.3 ～ 1953.3.25
国　籍：法国
身　份：艺术家、野兽主义成员之一
重大成就：著有《尼斯的英格兰散步大道》、《银莲花》等

创作了《哈维尔的七月十四日》，描绘国庆日热闹非凡的街道景象。杜菲笔下的国旗不再是空中的小色点，也不是莫奈用来表现那种热闹混杂印象的微妙小色块，更不是凡·高用来表现其灵魂深处骚动的强烈冲突的红与蓝之创痕。为突出欢乐的气氛，杜菲毫不迟疑地打破了一切比例原则，将背景的旗子放大好几倍，因而使得那红白蓝的配合有一种抒情诗的气质，它们也就成为画面的"主角"。

　　杜菲对于描绘对象形体的塑造也非常独特，在他的众多作品里，强调对节奏和韵律的把握，营造画面整体的氛围和气韵，这一点和东方艺术暗合。酷似中国的草书带给人的那种行云流水、龙飞凤舞的轻松与潇洒之感。在杜菲的画面里色彩与线条交互为用，互相衬托。这种独特的创作手法被一些艺术评论家称为"杜菲样式"。这种表现手法真实地记录下艺术家对描绘对象最生动的形体感受和最新鲜的色彩印象。

　　1911年以后，他绘制了大量的地毯、壁挂、烧制陶瓷器、设计彩色纺织品，为游泳池、动物园、艺术宫等建筑物作壁画和室内装饰，为舞台剧绘制背景，为作家创作插图……甚至设计流行服装，以致有人把他称为"我们这个世纪的编年史家"。

多元化创作的艺术家——杜菲

直击成功　　从画家杜菲的成功中，我们看到了一位画家的多元化发展，他的才能是多方面的。这里面有天赋的成分，但更多的还是作为一位现代画家，他凭借着自己的勤奋和才能超越了美术门类的界限，从而成为人们津津乐道的美术方面的通才和全才。他的成功启迪我们，不能选择自己的出生，但我们可以通过努力选择自己的人生。

08 最负盛名的雕塑大师——亨利·摩尔

整理：赵丽琴 高培清

摩尔，1898年7月30日出生于英国。他在11岁时就打算成为一名雕塑家。摩尔在卡索福德中学读第二学年时，学校来了一位年轻的女老师，她是摩尔成长岁月里的良师益友。她见识广博，常留心欧洲的艺术动向，从杂志上获得有关艺术的消息，并将这些讯息转述给学生。

亨利·摩尔16岁考取剑桥高级文凭，后来在皇家艺术学院修业时，受到院长威廉·罗森斯坦爵士大力支持。

年轻时，亨利·摩尔很崇拜现代派雕塑家爱泼斯坦、勃尔泽斯卡、布朗库西和毕加索等人，他曾竭力追求构成主义的思考方式，一度还对超现实主义的潜意识表现产生兴趣。他在观察自然界有机形体中领悟空间、形态的虚实关系，自然力赋予形态的影响等等，使自己的作品尽量符合自然力的法则。所以在他的创作中，首先追求物体的质感，保留材料本来的美质。他宁肯要求一件雕刻像一块"有生命"的石头或树干，而不要求它们完

人物档案

姓　名：亨利·斯宾赛·摩尔
生卒日：1898.7.30~1986.8.31
国　籍：英国
身　份：雕塑家
重大成就：著有《母与子》、《斜倚的人形》等作品

全像一个有生命的人。

到 50 年代为止，摩尔在艺术上的拓展主要体现在空间的连贯性方面。他从空洞、薄壳、套叠、穿插等手法中把人物的因素大胆而自由地异化为有韵律、有节奏的空间形态。最出色的代表作如 1951 年的《内部和外部的斜倚人物》，作品以圆孔处理颈、胸、腹部的体积，流畅自然，韵味无穷。1952 年所作的《国王和王后》是扁平造型的代表。简练的平片形产生了起伏的立体空间。此后，他又迷恋于直立主题，用以创造纪念碑式的伟大、肃穆的雕塑，亦受到广泛的赞美。

亨利·摩尔以他的大型铸铜雕塑和大理石雕塑而闻名。剑桥菲茨威廉博物馆陈列的《斜倚的人形》(1951 年)，表现一个高度精简、抽象的女性形象，是亨利·摩尔雕塑风格的典型代表。1924 年亨利·摩尔获奖学金去欧洲旅行， 1928 年起的 10 年内，摩尔参与在伦敦的艺术活动。

亨利·摩尔被誉为历史上最杰出的和 20 世纪世界最负盛名的雕塑家之一，其作品被世界各大博物馆广为收藏和展览。亨利·摩尔本人被视为雕塑的化身，肩负着承上启下的使命。其创作意识对 20 世纪的雕塑和造型艺术家具有广泛和深远的影响。

直击成功

威廉·罗森斯坦爵士在 1924 年为亨利·摩尔申请伦敦郡议局一份教职写的推荐书中说："他是位天资超凡和有学养的人未来的贡献将至为珍贵亨利·摩尔的情性，令我尤具信心,他的影响将是显著和令人鼓舞的。"这些评论，是亨利·摩尔的真实写照。

09 妙在似与不似之间的画家——齐白石

整理：赵丽琴 王春红

齐白石是一代艺术大师，其诗、书、画、印兼及人品，堪称五绝。每每见到他的作品，总有一种想流泪的感觉。一个普通中国老百姓，把毕生的精力、情感都投入到艺术创造中，奉献给他的祖国、人民以巨大的精神财富，无愧于"人民艺术家"的称号。

齐白石主张艺术"妙在似与不似之间"，形成独特的大写意国画风格，自创红花墨叶一派，尤以瓜果菜蔬花鸟虫鱼为工绝，兼及人物、山水，名重一时，与吴昌硕共享"南吴北齐"之誉，达到了中国现代花鸟画最高峰。

齐白石画的虾，下笔有神，栩栩如生。可他在开始学习画虾的时候，只会临摹，画的虾不够生动，后来经过自己养虾、观察、写生，几十年如一日，终于把虾画得活灵活现。

《蛙声十里出山泉》是一幅极富想象力和创造力的佳作。画面中不画青蛙，只画几只蝌蚪逆水而游动，旁边是山石。由画面上那几只蝌蚪，我们便能产生丰富的联想，进而感悟到仿佛有阵阵蛙声从山后随汩汩流泉隐

人物档案

姓　名：齐白石
生卒日：1864.1.1~1957.9.16
籍　贯：湖南湘潭
身　份：诗、书、画、印四绝文人画家
重大成就：《群虾》、《蛙声十里出山泉》等作品，1953 年被文部授予中国人民杰出的艺术家称号。

隐传来。

一代国画大师齐白石，不但艺术成就为世人所叹服，而且人格也别具魅力，其傲，其痴，其谦，堪称三绝。

齐白石傲，傲如古松。他早年靠做木工维持生计，所以常遭人轻视。34岁那年作客胡沁园家中，胡家有位客人丁拔贡擅长刻印。齐白石求他赐印一枚，丁拔贡因瞧不起这个出身寒微的画匠而婉言拒绝。齐白石遂傲然不复再求，回家买了印泥，又拣回石头一担，照着一本借来的《二金碟堂印谱》，磨了刻，刻了磨，弄得房间里石浆满地，无处落足。齐白石也许没想到，自己这一傲，竟傲出了个刻印高手。

齐白石痴，痴如顽石。他喜欢画螃蟹，也非常喜欢吃螃蟹。一日与家人吃饭，齐白石忽然停箸，敛气凝神地盯着盘中螃蟹，若有所思。夫人见状惊问何故，齐白石如梦方醒，一边把蟹腿指给夫人看，一边眉飞色舞地说："蟹腿扁而鼓，有棱有角，并非常人所想的滚圆，我辈画蟹，当留意。"

齐白石让弟子侍画于侧，常出其不意地考问："虾背从第几节起"，"螳螂翅上的细筋有多少根"，"牡丹的花蕊和菊花的花蕊有什么区别"等诸如此类的怪问题，弄得众弟子手足无措，他却娓娓而谈，如数家珍。

齐白石谦，谦如空谷。他对同时代的画家尊重有加，他常以一句话来自律："勿道人之短，勿说己之长，人骂之一笑，人赞之一笑。"

如果齐白石没有这人格上的三绝，又怎能成为集诗、书、印、画四绝于一身的巨擘呢？

Part 6 美术

妙在似与不似之间的画家——齐白石

直击成功

白石老人其画、印、书、诗，人称四绝。一生创作勤奋，砚耕不辍，作画极多，一天不画画心慌，五天不刻印手痒，创作多得惊人，好得出奇，自食其力，品行高洁，尤具民族气节。留下画作三万余幅、诗词三千余首、自述及其他文稿并手迹多卷。欲立艺者，先立人——这也许是齐白石老先生留给我们的一点启示。

10 剪花娘子——库淑兰

整理：赵丽琴 刘红

库淑兰是中国首位被联合国教科文组织授予"中国民间工艺美术大师"称号的人。中国民间剪纸艺术杰出的代表人物之一，被誉为"剪花娘子"。

库淑兰 11 岁时，父母送她去读书。无论识字、唱歌还是画画都很出众。学校不远处的城隍庙，是她的最爱。这里有她既敬畏又神往的神像，也有精雕细刻的佛龛和绣工华丽的锦帷、绣片；庙里的彩绘壁画上还有很多动人的故事。几千年深厚的传统文化和这些民俗中的图像悄无声息地传承着；对她剪纸艺术有着很深的影响。15岁后库淑兰回到家跟着妈妈学做女红，为自己备办嫁妆。在母亲的言传身教中，心灵手巧的库淑兰很快就掌握了剪花绣叶。

一次偶然的遭遇改变了她的剪纸风格和人生态度。1985 年初冬，库淑兰不慎滑入一口枯井后被人救起。然而，40 天后她从昏死中神奇地醒过来。睁开眼后，她的

> **人物档案**
>
> 姓　　名：库淑兰
> 生卒日：1920.11.21~2004.12.19
> 籍　　贯：陕西旬邑县
> 身　　份：中国剪纸艺人，被誉为"剪花娘子"
> 重大成就：创作《剪花娘子》、《无人敬我太阳神》等

第一个动作便是找剪刀剪纸。随着身体的恢复，她开始边剪边唱。此后她的剪纸风格大变，不再拘泥于任何固有的形式。她剪心中所想，边剪边唱，再也不是只用单色，她为中国剪纸增加了彩色拼贴这一品种。她的线条开始柔顺圆润唯美，她手中的飞鸟真有轻盈欲飞之势，色彩更加缤纷绚烂。她着魔似的入了创作的高峰期。那些长四米，宽两米的大幅作品都是在这之后完成的。

人们发现库淑兰在创作每幅作品时，从不打草稿，信手剪来，随手贴上。而且作品构图丰满，人物造型质朴，色彩运用绚丽而又统一。大难不死的库淑兰，认为自己是得到了"剪花娘子"的"保佑"。从此，在每幅大作品中，她都要剪一个"剪花娘子"的形象。由于剪纸构图大胆、人物形象饱满、色彩鲜丽，库淑兰的作品很快受到了关注。她的每一幅作品都配有或欢快酣畅，或辛酸讥讽，或风趣诙谐的歌谣。这些歌谣有的颂扬人生善恶，有表现生活哲理，有述说文化感悟。

库淑兰在中国的民间艺术中，历史性地开创了两方面的先河，一是打破剪纸艺术中以单纯的模仿来传承的传统；二是独创了一种前无古人的表现其自我灵魂中真善美的艺术模式—中国民间剪贴画。

剪花娘子——库淑兰

直击成功

库淑兰从一名民间美术爱好者成长为"民间工艺美术大师"的历程，折射出中国民间艺术强大的生命力。库淑兰的大部分美术创作技巧多来源于自学，她的成功让我们看到勤劳的底层人民对美的无尽渴望、对生活无尽热爱和聪明才智。她的剪纸令国内外的专家、学者赞叹不已，美术创作帮助她超越了生活的磨难，完善了精神上对痛苦生活的超越，达到了审美愉悦的境界。